U0597002

布迪厄理论视域下的家庭教育投入研究

栾曦 著

吉林大学出版社

·长春·

图书在版编目（CIP）数据

布迪厄理论视域下的家庭教育投入研究 ／ 栾曦著
. -- 长春：吉林大学出版社，2023.11
ISBN 978-7-5768-2527-5

Ⅰ.①布… Ⅱ.①栾… Ⅲ.①家庭教育–研究 Ⅳ.
①G78

中国国家版本馆 CIP 数据核字（2023）第 216806 号

书　　名:布迪厄理论视域下的家庭教育投入研究
　　　　BUDI'E LILUN SHIYU XIA DE JIATING JIAOYU TOURU YANJIU

作　　者:栾　曦
策划编辑:沈广启
责任编辑:蔡玉奎
责任校对:高珊珊
装帧设计:刘　瑜
出版发行:吉林大学出版社
社　　址:长春市人民大街4059号
邮政编码:130021
发行电话:0431-89580028/29/21
网　　址:http://www.jlup.com.cn
电子邮箱:jldxcbs@ sina.com
印　　刷:吉林省优视印务有限公司
开　　本:787mm×1092mm　1/16
印　　张:9.25
字　　数:180 千字
版　　次:2023 年 11 月　第 1 版
印　　次:2023 年 11 月　第 1 次
书　　号:ISBN 978-7-5768-2527-5
定　　价:36.00 元

内容简介

  家庭是儿童成长的重要环境，对儿童与青少年的成长具有重要意义。家庭教育不仅对个体的认知、心理、德育发展至关重要，还承担着做出重要教育决策、规划子女教育路径的责任，因而家庭如何对子女的教育进行投入就成为重要议题。但在以往研究中，家庭教育投入更多地被当成经济问题来讨论，而本书主张，家庭对子女教育的投入远不止一笔经济账。家庭的教育投入不仅包括经济上的支出，还包括时间和精力上的花费，还关系着投入时家长对教育的期待。因此，本书采用社会学的视角进行分析和解读，着重去揭示宏观、中观和微观层面家庭教育投入的深层原因与影响机制。尤其是针对以往研究中被忽略的家长对教育的期待，对子女未来的规划，在教育投入的同时倾注的时间、精力和情感因素进行着重研究。

  社会学家布迪厄为本书提供了理论与方法框架，本书通过理论分析与实证研究相结合的方式，为理解家庭教育投入的成因与具体机制提供新思路。本书首先对家庭教育投入所处的历史与社会背景进行分析，并选取了一个典型工业城市作为个案，对该城市家庭教育投入的生态进行调查，通过对教师、家长与学生进行深入访谈，不仅论述了家庭教育投入在整个城市教育生态中的作用，还探究了多方主体之间的博弈与平衡的关系，发现家庭教育投入对不同家庭的作用。在布迪厄的社会理论的帮助下，笔者对该城市家庭教育投入的复杂图景进行了深描。

前　言

　　家庭是儿童成长的重要环境。家庭教育与学校教育、社会教育并列为最重要的三种教育形式，对儿童与青少年的成长具有重要意义。从德育的角度，家庭教育是儿童养成好习惯、形成良好道德品质的重要环节；从心理健康的角度，家庭教育涉及儿童的性格形成与心理素质的养成；从认知发展的角度，家庭具有对儿童在认知能力与非认知能力发展中的启蒙作用。除此之外，家庭教育不仅影响着儿童身心的发展，还涉及与学校、社会的联结，在当今社会，家庭承担着做出重要教育决策与规划子女教育路径的责任，因而，家庭如何规划子女教育并对子女的教育进行投入就成为重要议题。

　　家庭的教育投入其实早已被学者关注，但在以往研究中，家庭教育投入更多地被当成经济问题来讨论。学者们往往使用教育支出、教育投资、教育花费这样的术语，旨在研究不同家庭在子女教育方面的经济支出状况。学者们从经济学的理性人假设入手，去解释家庭对教育的投入与产出关系，去模拟家庭对教育的经济性回报的期待模型，去研究不同教育投入类型之间的替代关系等等。在这些研究中，衡量的标准有子女的学业成绩、未来的工作收入等等。从经济学角度来看，家庭教育中所涉及的经济支出与消费确实有重要意义，因而这些研究为教育投入的研究奠定了坚实的基础。

　　然而，本书主张，家庭对子女教育的投入不仅仅是一笔经济账，需要更多地从社会学的视角去理解。这是因为家庭的教育投入不仅包括经济上的支出，还包括时间和精力上的花费，还关系着教育投入时家长对教育的期待。具体来说，首先，家庭对子女进行教育投入，往往与父母对子女的期待相关，这里的期待既包含对子女未来职业路径的期待，也包含对子女综合能力、素养、幸福程度的期待。因而，在现实中很少有家长真正从投入产出比的角度认真地计算教育支出的回报率与经济上的得失。其次，家庭对教育的投入还受到文化的影响，例如儒家文化传统中注重以学业换取仕途的人生轨迹，强调"修身齐家治国平天下"的人生志向，因而国际比较研究发现儒家文化影响下的国家与地区的家庭更愿意为子女进行全方位的教育投入。最后，家庭的教育投入的实践意义要重于金钱数值。家长如何做出教育投入的决策，又有哪些影响因素，做出决策后又会对其他家庭的教育决策产生什么影响，这些都是具有研究意义的社会实践的一部分。如果说经济学的思路更多地把教育投入当成一个结果，那么社会学视角下的家庭教育投入注重的是过程与影响，以及在其背后隐含的情感、期待与社会观念。

因此，本书采用布迪厄的教育社会学的视角进行分析和解读，着重去揭示宏观、中观和微观层面家庭教育投入的深层原因与影响机制。尤其是针对以往研究中被忽略的家庭教育投入中所倾注的家长期待，对子女未来的规划以及在经济投入的同时付出的时间、精力和情感进行研究。通过具有特色的案例分析，探寻其背后的社会性原因与影响。

目　　录

绪论：为什么研究家庭教育投入？

第一节　家庭教育与家庭教育投入

　　家庭教育对于未成年人的成长具有重要作用。家庭教育对未成年人的身心健康发展、道德品质形成、生活技能培养、文化修养训练、行为习惯养成等方面都有重要的影响。2021年，《中华人民共和国家庭教育促进法》公布并于次年正式施行，从法律层面对发扬中华民族重视家庭教育的优良传统，引导全社会注重家庭、家教和家风，增进家庭幸福与社会和谐，培养德智体美劳全面发展的社会主义建设者和接班人进行了引导和约束。近年来，家庭教育的议题也频繁引发社会各界的关注，涉及家长不同的教育观念、对子女的教育方式、对于教育的期待以及回报、对子女的教育投入力度等问题，这些对家庭教育的关注都指向一个重要的议题：家庭教育投入。家庭教育投入问题是了解家庭教育的重要窗口，不仅仅包含家庭对子女成长经济上的支持，还包含了家长对教育的期待、情感联结和时间精力的付出。

　　由于家庭教育投入的复杂性与重要性，相关议题已被学者关注。在以往研究中，家庭教育投入更多地被当成经济问题来讨论。学者们往往使用"教育支出""教育投资""教育花费"这样的术语，旨在研究不同家庭在子女教育方面的经济支出状况。这些研究多从经济学的理性人假设入手，去解释家庭对教育的投入与产出关系，去模拟家庭对教育的经济性回报的期待模型，去研究不同教育投入类型之间的替代关系等等。在这些研究中，衡量的标准有子女的学业成绩、未来的工作收入等等。从经济学角度来看，家庭教育中所涉及的经济支出与消费确实有重要意义，因而这些研究为教育投入的研究奠定了坚实的基础。

然而家庭教育不仅仅是一个经济命题，家庭对子女教育的投入也不仅仅是一笔经济账，需要更多地从社会学的视角去理解。这是因为家庭的教育投入不仅包括经济上的支出，还包括时间和精力上的花费，还关系着教育投入时家长对教育的期待。具体来说，首先，家庭对子女进行教育投入，往往与父母的期待相关，这里的期待既包含对子女未来职业路径的期待，也包含对子女综合能力、素养、幸福程度的期待。因而，在现实中很少有家长真正从投入产出比的角度理性地计算教育支出的回报率与经济上的得失。其次，家庭的教育投入还受到文化的影响，例如儒家文化传统中注重以学业换取仕途的人生轨迹，强调"修身齐家治国平天下"的人生志向，因而国际视野下那些深受儒家文化影响的国家与地区的家庭更愿意为子女进行全方位的教育投入。最后，家庭的教育投入的实践意义要重于金钱数值。家长如何做出教育投入的决策，又有哪些影响因素，做出决策后又会对其他家庭的教育决策产生什么影响，这些都是具有研究意义的社会实践的一部分。如果说经济学的思路更多地注重教育投入的结果，那么社会学视角下的家庭教育投入注重的是过程与影响，以及背后隐含的情感、期待与社会观念。本书的研究力求对家庭教育投入问题进行深入的挖掘讨论，从社会学的视域讨论家庭教育投入问题，寻求获得新的关于家庭教育投入的理解，形成深度理论。

第二节　家庭教育投入的相关研究综述

家庭教育是教育领域的重要议题，而近年来对家庭教育中的投入问题的讨论日渐增加。学者们关注到家庭教育投入中的经济、时间投入以及整体的养育方式。这里对家庭教育投入的这几个方面进行分别梳理，并整理这些投入方式的影响因素，从而引出本书的研究主题。

一、家庭教育经济性投入

家庭教育中的经济投入是最早被关注和研究的主题，这部分研究也经常用家庭教育支出、家庭教育消费等词汇代替家庭教育投入。教育经济学认为经济性的投入对于子女的人力资本的获得与积累有重要作用，因而在研究中非常注重投入与产出的关系，注重经济性投入中的效率问题。

对于家庭教育经济性投入的内涵与内容，已有相当详尽的研究。家庭教育经济性投入可以分成若干类别，从所支付的场所看，可以分为校内投入和校外投入两种，前者包括学杂费、伙食费、住宿费等，后者包括课外培训、兴趣班、择校费等等[①]。而从投入的必要程度分类，则分成包括学费、交通费、食宿费、校服费在内的基础教育支出，及包括课外书费、学习用品费、电子产品费、家教费、兴趣班费等在内的扩展性教育支出，以及包括择校费、赞助费在内的选择性教育支出[②]。需要注意的是，并非所有类别都会在一个家庭中同时存在，其中一些类别也有地域性差别，并且有些随着政策变化已经减少甚至取消。

备受研究者瞩目的是家庭教育经济性的投入的影响因素。在诸多因素当中，家庭收入是最直接也最重要的因素。与理论假设相符合，随着家庭的人均收入增加，在子女教育上的经济性投入也相应增加。一项基于 CHNS 数据的研究表明，家庭教育支出受到居民收入水平的显著性影响[③]。而如果用"收入弹性"这一术语来表达，中等收入家庭的教育经济性支出弹性最大，也就是说家庭教育的经济性投入随家庭收入增加而增加的幅度最大，而相应的低收入家庭和高收入家庭的教育经济性弹性相对较小[④]。也有学者提出家庭教育经济性投入与家庭收入之间的关系呈现 U 型曲线，收入较低时教育经济性投入随收入增加而增加，但是到达一定水平后并不会继续增加[⑤]。对于高收入家庭来说，即使收入很高，但达到上限后并不会继续提高教育支出[⑥]。而如果把家庭教育经济性投入在家庭支出中的占比理解为经济负担，那么低收入家庭的教育支出负担大于高收入家庭[⑦]。另一项研究也发现，低收入家庭的教育负担更高，不过在

① 楚红丽. 义务教育阶段家庭教育支出分布的不均等水平[J]. 华中师范大学学报(人文社会科学版)，2008(02)：124-130.
② 涂瑞珍，林荣日. 上海城乡居民家庭教育支出及教育负担状况的调查分析[J]. 教育发展研究，2009(21)：21-25.
③ 李亚伟，刘晓瑞. 我国居民家庭教育支出的影响因素分析[J]. 统计与决策，2011(17)：88-91.
④ 刘保中. 家庭教育投入：期望、投资与参与[M]. 北京：社会科学文献出版社，2021：42.
⑤ 余红玲，万俊毅. 农村家庭教育支出变动成因探析——以广东省为例[J]. 中国农学通报，2012，28(02)：150-156.
⑥ 万相昱，唐亮，张晨. 家庭收入和教育支出的关联分析——基于中国城镇住户调查数据的研究[J]. 劳动经济研究，2017，5(03)：85-99.
⑦ 丁小浩，薛海平. 我国城镇居民家庭义务教育支出差异性研究[J]. 教育与经济，2005(04)：39-44.

义务教育阶段,这种负担相对非义务教育阶段较小①。这些研究都表明,家庭教育经济性投入以及投入占比,都与家庭收入存在密切关系,但是并非简单的线性相关,其相关程度随着家庭收入的高低而呈现变化。

除了最直接的家庭收入之外,家长的教育水平也被证明是家庭教育经济性投入的重要影响因素。基于统计数据的研究表明,家庭教育经济性投入与父母受教育水平成正相关的关系,并且这种正相关的关系同时存在于城镇与乡村,两者之间并没有显著差异②。另一项研究同样证明,受教育水平更高的家庭倾向于对子女教育上的经济性投入更多,并且以受教育水平的代际传递效果来看,母亲对子代的影响程度要高于父亲的影响③。这些研究普遍表明,家庭的内部因素,包括家庭收入与父母的受教育情况,都成为家庭教育经济性投入的重要影响因素。

除此之外,家庭内部的子女数量、性别,以及家庭教育期望的影响也不容忽视。首先,子女数量的重要性已经被证实。资源稀释理论认为,在家庭总资源一定的情况下,子女数量越多则分摊到每个孩子的资源就越少。有研究发现,子女的数量越多则抚养质量越低,即每个子女分得的教育投入随子女数量增加而减少④。另外,性别观念也会产生影响。一项日本的研究发现,父母的性别信仰会影响其对不同性别子女的教育投入⑤。但同时,随着家庭经济收入的提高,这种不同性别之间子女的教育经济性投入的差距会减少⑥,家中的男孩和女孩会更加平等享受教育投入的资源,从而削弱观念上更注重向男性投入的倾向⑦。此外,一项关于中国中、东、西部的实证研究

---

① 迟巍,钱晓烨,吴斌珍. 我国城镇居民家庭教育负担研究[J]. 清华大学教育研究,2012,33(03):75-82.

② 李亚伟,刘晓瑞. 我国居民家庭教育支出的影响因素分析[J]. 统计与决策,2011(17):88-91.

③ 吴强. 家庭的收入和特征对家庭教育支出的影响研究[J]. 华中师范大学学报(人文社会科学版),2020,59(05):175-186.

④ 丁小浩,翁秋怡. 权力资本与家庭的教育支出模式[J]. 北京大学教育评论,2015,13(03):130-142+191.

⑤ 吴强. 家庭的收入和特征对家庭教育支出的影响研究[J]. 华中师范大学学报(人文社会科学版),2020,59(05):175-186.

⑥ 王远伟. 个人家庭教育投入及其社会影响的国际比较研究[J]. 比较教育研究,2010,32(06):30-36.

⑦ 叶华,吴晓刚. 生育率下降与中国男女教育的平等化趋势[J]. 社会学研究,2011,26(05):153-177+245.

发现，家庭教育期望是影响教育支出的显著因素[①]。这些研究表明，家庭教育经济性投入具有较为复杂的机制，其中多因素之间往往交织在一起共同影响决策。

微观来看，家庭内部因素对家庭教育经济性投入有着最直接的影响，而此外的一些宏观因素也会间接发生作用，包括城乡、地域的影响，以及具体的地方政策。整体上看，城市的教育花费在均值上高于农村[②]，经济发达地区的总体教育经济性投入更多，但是由于这些地区家庭总收入和支出也更高，因而家庭教育支出的负担率上反而相对较低。经济欠发达地区相反，虽然教育支出较少，但是总体上家庭教育负担相对更高[③]。另一项研究比较了不同地区的教育支出，结果表明公共教育投入高的地区则家庭支出相对较少，因此该研究建议各地区的公共支出均衡[④]。以上研究都表明，家庭教育经济性投入不仅仅是家庭内部的决策，也会受到所在地区的间接影响，这就再次增加了研究家庭教育经济性投入的复杂性。

二、家庭教育时间精力投入

随着对家庭教育经济性投入的关注增加，研究者也逐渐发现，对家庭教育投入的研究不应该局限在经济投入这一个角度，例如家长在时间精力、教养方式上的投入都会让子女受益。而这方面的研究也逐渐跳出了教育经济学的范畴。

研究者普遍发现，对子女在教育投入时间和精力，都会带来子女不同程度的成长收益，甚至这种投入的效果并不逊于经济投入[⑤]。具体来讲，这些非经济性的投入包括学习上的陪伴、与子女共同活动等等，这些都有利于子女的成长，形成良好的价值观[⑥]。甚至还有研究表明，从对子女认知能力、非认知能力以及学习成绩的影响上看，家长在时间上的投入相较于金钱上的付出有更显著的作用，更有助于子女实现社会阶

---

① 谷宏伟，杨秋平. 收入、期望与教育支出：对当前中国家庭教育投资行为的实证分析[J]. 宏观经济研究，2013（03）：68-74+88.

② 涂瑞珍，林荣日. 上海城乡居民家庭教育支出及教育负担状况的调查分析[J]. 教育发展研究，2009（21）：21-25.

③ 李红伟. 中国城镇居民家庭教育消费实证研究[J]. 教育与经济，2000（04）：1-7.

④ 贾男，刘国顺. 义务教育均衡化能否有效降低家庭校外教育支出[J]. 北京大学教育评论，2017，15（01）：154-172+192.

⑤ 迟巍等. 我国城镇家庭教育支出研究[M]. 北京：清华大学出版社，2013：106-117.

⑥ 戴耀华，关宏岩. 儿童早期综合发展[J]. 中国儿童保健杂志，2005（04）：327-329.

层的向上流动①。由于时间具有可以被量化的特征，是这部分影响因素中较早被关注并研究的主题，但同时学者们也逐渐不再满足于对"量"的探索，而开始转向"质"的差别，从更深入的教育探讨家庭优势传递的机制②。

学者们逐渐关注到的家庭教育中整体的对子女教养的方式方法，并把教育方式抽象为影响子女成长的重要因素来进行研究。该视角尤其强调那些非经济类的、不可量化的对子女的付出也应该被重视，并且关注到家庭日常生活的方方面面，关注其中的社会与文化内涵。

在对教养方式的研究中，美国学者拉鲁的研究影响最为深远，她把教养方式分为协同育儿和自然成长育儿两种类型③，后续很多学者皆以拉鲁的理论框架展开研究。这两种类型的教养方式背后是截然不同的教育观念：协同育儿的教养方式偏重培养儿童的自主性，家长努力建立与子女间的情感联结，同时也把教育子女当成家长自我发展的一部分；而自然成长的教养方式更强调子女的服从性，即家长把子女当成自己生命的延续，注重满足子女的物质需求④。从亲子互动方式来看，使用协同育儿养育方式的家长与子女关系亲密，能够进行理性沟通，相对的使用自然成长养育方式的家长采用更多的命令方式与子女互动，在情感上互动不足⑤。此外，在家校互动方式上，协同育儿的家长态度积极主动，更理解学校和老师的决定，而自然成长的家长偏向于把教育的责任归为学校，因而更多被动地服从指令。在课外活动的选择上，协同育儿的家长偏向于培养子女的综合能力，例如艺术和运动能力，而自然成长养育方式的家长则较为注重学业，对之外的活动关心较少⑥。这两种养育方式的差别在假期体现得最为明显，比如协同育儿型家长为子女报名兴趣班，旨在培养人文艺术科技方面的兴趣，而自然成长型家长利用假期更多地把时间花在看电视上⑦。然而在这些研究当中，语言使用需要格外注意，尽管拉鲁在研究中同时强调主观的观念与客观条件的双重影

---

① 李波. 父母参与对子女发展的影响——基于学业成绩和非认知能力的视角[J]. 教育与经济，2018（03）：54-64.

② 蔡玲. 家庭教育投入问题研究述评[J]. 社会科学动态，2022(02)：68-78.

③ 田丰. 阶层教养方式述评：拉鲁框架与中国社会[J]. 社会发展研究，2019，6(01)：225-241+246.

④ 陈陈. 家庭教养方式研究进程透视[J]. 南京师大学报(社会科学版)，2002(06)：95-103+109.

⑤ 陈陈. 家庭教养方式研究进程透视[J]. 南京师大学报(社会科学版)，2002(06)：95-103+109.

⑥ 陈陈. 家庭教养方式研究进程透视[J]. 南京师大学报(社会科学版)，2002(06)：95-103+109.

⑦ 李一. 中产阶层家庭参加辅导班教养实践分析[J]. 青年研究，2018(05)：19-26+94-95.

响，但是很多后续的研究者在对理论的发展上集中强调不同家长的主观选择，甚至存在对自然成长养育方式的家长污名化的现象，实际上很多家长并非主观选择如此，而是其所拥有的家庭条件只能允许他如此，这些论述将成为本书的重要争论和辨析点。此外，拉鲁的观察基于美国的教育实践，是否能够使用于中国的情况仍有待研究。

综上所述，现有研究从经济性投入、时间精力投入等方向对家庭教育投入进行了研究，目前对家庭教育投入的研究在研究方法上以定量研究为主，同时有着分析维度单一的现象，对家庭教育投入差异化形成的内在机制分析也较为缺乏①。因此，在现有研究的基础上，本书主张从社会学的视角重新审视家庭教育投入这一重要议题，用定量和质性相结合的方式，深入探究家庭教育投入的差异机制。

第三节　家庭教育投入的社会学意涵

如上文所述，尽管现有研究已为家庭教育投入奠定了重要基础，但是仍存在问题，最主要的就是社会学视角的缺失，尤其是根植于中国语境下的社会学视角的讨论。家庭教育投入不仅仅是家庭的独立决策，更有丰富的社会学意涵。这里将从把家庭教育投入单独看作经济行为的缺陷开始，然后从文化传统、教育系统的角度来讨论新的可能性，从而论证为何要从社会学的角度来理解家庭教育投入。

一、超越经济视角：家庭教育投入背后的价值与期待

尽管家庭教育中的经济投入、时间和精力投入已经不乏研究，但是这些研究的共同问题在于把家庭教育投入当成一个"机会"而非社会实践。在这个基础上讨论这种机会的分布与获得仍旧是经济视角，然而家庭教育投入究竟会换取怎样的结果，这种实践被赋予怎样的社会意义，其实研究者并未获得共识。换言之，尽管学者已经注意到经济性投入之外还有时间精力的投入也是至关重要的，但是其思考方式仍旧是经济角度的投入产出的思维方式，而非从社会实践的角度讨论其实践背后的价值与社会意义。

关于家庭教育投入，最常见的视角是家庭在市场诸多服务中的选择，已有研究认为，从市场的教育服务供应的角度，或许家庭教育投入会带来不均衡发展的问题，无

---

① 蔡玲. 家庭教育投入问题研究述评[J]. 社会科学动态，2022(02)：68-78.

论是数量还是质量，高收入家庭比低收入家庭更有能力负担这些服务①②。从这个角度来看，人们担心不同背景的人在家庭教育投入方面分配不均。

现有研究的共识是，家庭的社会经济能力会显著地影响他们对于校外教育服务的投入。基于全国范围的研究③和区域样本④⑤的研究表明，来自高收入和高社会地位的家庭更有可能对教育进行投入。家庭的社会经济状况与教育投入之间存在着正相关的关系。由于来自低收入和低社会地位家庭的学生很可能被排除在外，因此有人担心家庭教育投入或许会带来问题⑥。由于父母无法负担费用，低收入家庭的学生可能会因此落后于同龄人⑦。因此，家庭教育投入或许会将那些已经处于不利地位的家庭排除在外。

然而，提供机会只是理解家庭教育投入的一个侧面，因为教育作为一个复杂的人类实践活动，不仅涉及获得教育的机会，还涉及通过教育所取得的成就⑧。然而，家庭教育投入对学生成绩的贡献尚没有可靠的数据进行论证。虽然有一些证据表明教育投入对学生的学习成绩有积极的影响⑨，其他研究则显示没有相关性⑩。研究发现，学生在高考中的表现与他们家庭教育投入有关，但这仅适用于成绩较差或就读质量较差学校的学生⑪。需要更多的证据来阐明教育投入和学习成绩之间的关系。

———————

① BRAY, M. Private supplementary tutoring：Comparative perspectives on patterns and implications[J]. Compare, 2006, 36(4)：515-530.

② BRAY, M., KWO, O. Behind the façade of fee-free education：Shadow education and its implications for social justice[J]. Oxford Review of Education, 2013, 39(4)：480-497.

③ 薛海平. 课外补习、学习成绩与社会再生产[J]. 教育与经济, 2016(02)：32-43.

④ 陈彬莉, 白晓曦. 家庭社会经济地位、家长同辈群体压力与城镇小学生补习——基于北京市海淀区小学调查[J]. 清华大学教育研究, 2015, 36(05)：102-109.

⑤ ZHOU, Y., & WANG, D. The family socioeconomic effect on extra lessons in Greater China：A Comparison between Shanghai, Taiwan, Hong Kong, and Macao[J]. The Asia-Pacific Education Researcher, 2014, 24(2)：363-377.

⑥ 薛海平, 李静. 家庭资本、影子教育与社会再生产[J]. 教育经济评论, 2016, 1(04)：60-81.

⑦ 薛海平. 课外补习、学习成绩与社会再生产[J]. 教育与经济, 2016(02)：32-43.

⑧ COLEMAN, J. The concept of equality of educational opportunity[J]. Harvard Educational Review, 1968, 38(1)：7-22.

⑨ 胡咏梅, 范文凤, 丁维莉. 影子教育是否扩大教育结果的不均等——基于 PISA 2012 上海数据的经验研究[J]. 北京大学教育评论, 2015, 13(03)：29-46+188.

⑩ YUEYUN Z, YU X. Family Background, Private Tutoring, and Children´s Educational Performance in Contemporary China. [J]. Chinese sociological review, 2016, 48(1).

⑪ ZHANG Y. Does private tutoring improve students' National College Entrance Exam performance? —A case study from Jinan, China[J]. Economics of Education Review, 2013, 32.

家庭教育投入的重要性还在于其不仅仅与学业表现相关，还很可能与学生的身心发展相关联。德国的研究表明，一些形式的家庭教育投入有利于儿童的学习动机，如行为控制和减少考试焦虑[①]。然而，这种非学业影响在中国的家庭教育投入研究中很少受到关注。由于对家庭教育投入的学业和非学业益处的认识有限，因此很难全面了解家庭教育投入的社会作用。

虽然缺乏来自中国的相关数据，但其他国家的一项比较研究发现，一些家庭选择不进行额外的教育投入，因为他们认为这会占据孩子的自由时间[②]。另一项研究也对家庭教育投入的价值提出了质疑，表明来自富裕和受教育程度更高的家庭的孩子已经获得了一系列的教育优势，例如家里有大量的书籍或在私立学校全日制就读，因而不会寄希望于其他的教育投入[③]。换句话说，已有的经济视角无法解释不同背景的人家庭教育投入的不同意义。在这种情况下，重要的是要了解人们对他们参与教育投入的超越经济考虑的解释。这样的理解对于深入了解家庭教育投入的价值和期望非常重要。

经济视角的主要缺陷在于部分美化了家庭教育投入。或者说，市场的视角推断任何有能力进行投入的家庭都会投入教育，其背后的假设是，家庭教育投入具有积极、正向的价值，是所有人都想要获得的。但是这种假设却值得推敲。

二、"鲤鱼跳龙门"中蕴含的文化传统

理解家庭教育投入这一议题，文化视角不容忽视但是却缺乏研究。文化的视角尤其在比较研究中很有解释力。在世界的一些国家和地区，家庭教育投入要比其他地方更普遍。本书认为，文化视角在某种程度上可以解释人们参与家庭教育投入背后的动机，但同时这种文化因素也需要从学理的角度仔细检视。

从全球范围来看，亚太地区的家庭教育投入比例非常高。很多学者努力探析其背后原因，通常归因于影响亚洲多国的儒家文化，因为儒家文化重视学习和努力，对学

---

① MISCHO, C., HAAG, L. Expansion and effectiveness of private tutoring[J]. European Journal of Psychology of Education, 2002, 17(3): 263-273.

② BRAY, M. Private supplementary tutoring: Comparative perspectives on patterns and implications[J]. Compare, 2006, 36(4): 515-530.

③ DANG, H. -A., ROGERS, F. H. The growing phenomenon of private tutoring: Does it deepen human capital, widen inequalities, or waste resources? The World Bank Research Observer[J], 2008, 23(2): 161-200.

业竞争有着悠久传统，因而受这种文化影响的家庭更愿意进行家庭教育投入[①]。而我国就是受到儒家文化影响的一个典型。

教育在我国受到高度重视。有学者比较后提出，中国人更喜欢把业余时间花在学习上，他们尊重努力和意志力，认为在决定是否成功方面，努力甚至要比能力更重要[②]。对这种教育的重视也被认为与对社会流动性的渴望有关。"鲤鱼跳龙门"这一谚语至今仍在使用。这句谚语指的是成功完成教育中的关键考试后社会地位的突然提高。从理论上讲，这些关键的考试——例如当代语境中的中考和高考——为普通人实现社会向上流动提供了一条途径。因此，有理由认为，人们进行家庭教育投入部分原因是为了通过这些考试，从而提高社会地位。

同时也需要看到，"鲤鱼跳龙门"这种文化期许的解释力是有限的。虽然该谚语可以解释个人或家庭决定家庭教育投入的动机，但是却很难解释为什么在同样的文化背景下有人愿意进行投入而有些人并非如此。更重要的是，虽然它可能解释了人们参与的意愿，但它未能解释那些影响人们投入的因素。如果不考虑到这些局限，可能会导致误导性的结论，认为家庭教育投入为成绩落后的学生，特别是来自弱势家庭的学生，提供了向上层社会流动的机会[③]，从而有助于实现教育均衡发展。这种理解反映了人们没有考虑到参与家庭教育投入背后的结构性因素，即参加或不参加家庭教育投入的群体在人口中的社会地位是什么。只有回答了这些问题，我们才能理解家庭教育投入对不同社会群体的意义。

总之，文化角度可以部分解释亚洲国家的高投入的原因和投入的动机。然而，文化因素如果不能结合更多的社会结构性问题一起，很可能引起误解。因而本书确实借鉴了文化因素中的一些观点，但是却对以往研究的视角有所保留。

三、家庭教育与子女的人生规划

理解家庭教育投入的另一个应有但是缺乏的视角，是把家庭教育投入与家庭对子

① BRAY, M. Researching shadow education: Methodological challenges and directions[J]. Asia Pacific Education Review, 2010, 11(1): 0-3-13.

② LEE, W. O. The cultural context for Chinese learners: Conceptions of learning in the Confucian tradition[M]. // The Chinese learner: Cultural, psychological, and contextual influences. 1996: 63-67.

③ 雷万鹏. 高中生教育补习支出: 影响因素及政策启示[J]. 教育与经济, 2005(1): 4.

女的人生规划联系起来。因为家庭教育投入理应为家庭教育整体策略中的一部分，因而并不能单论其策略。这个视角提醒研究者关注不同的教育因素之间的作用，比如对子女学校教育、考试、其他教育服务、就业等众多因素的关注。本书认为，这是一个至关重要的视角，从中可以一窥家庭教育投入在系统中的角色。

家庭教育投入与家庭对子女的人生规划之间存在复杂的关系，应该被视作家庭整体教育策略中的一个环节。有研究发现，家庭教育投入多寡与国家教育系统中教育资源分配相关[1][2]。家长们对子女的教育进行整体规划，希望其能够进入优质学校，因而很多家长才觉得有必要进行家庭教育投入。反言之，家庭教育投入本身也会产生新的资源分配，因为教育投入无论是学业上还是兴趣上都很可能有利于子女在学校教育中表现出众。换句话说，虽然家庭教育投入多数是在校外进行的，但投入所产生的回报或许可以在学校教育系统内实现。

由于从这一角度对中国教育投入的深入研究有限，以下讨论借鉴了其他教育系统的数据来描述相关教育问题的复杂性。其他国家或地区对教育制度的研究解释了家庭教育投入增加与教育中资源分配的关系，例如教育中的竞争激烈的考试和进入一流大学的激烈竞争[3]。也有研究发现，如果在子女进入不同的学校之前进行家庭教育投入，则有更高概率进入名牌学校或取得高薪工作[4]。另外，一些国家和地区的研究发现，政府普及中等教育、增加高等教育机会使学校教育的整体机会增加，从而促进了人们更主动地进行家庭教育投入[5]。这些研究表明，进行家庭教育投入的决定与家长对子女在学校系统中的规划与期待密切相关。

很多研究还注意到家长容易因为对子女的期待，而受到校外教育服务提供方的影

---

① YU, H., DING, X. How to get out of the prisoners' dilemma: Educational resource allocation and private tutoring[J]. Frontiers of Education in China, 2011, 6(2): 279-292.

② ZHANG, YU. Does private tutoring improve students' National College Entrance Exam performance? —A case study from Jinan, China[J]. Economics of Education Review, 2013, 32: 1-28.

③ BRAY M . The shadow education system: private tutoring and its implications for planners [R]. Paris: UNESCO International Institutional for Educational Planning(IIEP), 1999.

④ SILOVA, I. Global patterns and post-socialist realities in the private tutoring market: Conceptual and methodological considerations. Private supplementary tutoring in Central Asia: New opportunities and burdens[M]. Paris: UNESCO International Institute for Educational Planning (IIEP), 2009: 33-47.

⑤ BRAY, M., LYKINS, C. Shadow education private supplementary tutoring and its implications for policy makers in Asia[M]. Mandaluyong City, Philippines: Asian Development Bank, 2012.

响。家长和子女容易被教育服务提供方的广告和新技术吸引[1]，并且也会因其中优秀的教师努力挖掘子女的需求而被吸引[2]。通过实施这些策略，教育服务可以吸引到学生或者家长。可见，家庭教育投入也与这些提供方密切相关，但是相关的研究在我国较少，还需深入地了解家长究竟如何看待其作用，又对其抱有怎样的期待。

总之，把家庭教育投入放在整个教育体系中有很重要的意义，因为对子女的人生规划与整体的教育系统相关，这种视角可以从宏观的角度理解家庭教育投入的作用。国际研究表明，越来越多的人进行家庭教育投入，是与整个教育体系的样态和变化紧密相关的，而这个问题在中国语境下的状况需要进一步探究。

综上所述，关于家庭教育投入的问题有若干讨论视角。经济视角仅能看到投入的表象，但是背后家庭的期待赋予的价值容易被忽略。文化的视角解释了很多与教育价值相关的因素，而家庭对子女人生规划的视角更从整体上看待家庭教育投入。本书采取了布迪厄的理论，正是对这些视角的一个有机的统合。布迪厄的理论给研究者一个从社会学视域重新审视家庭教育投入的机会。他的场域、资本、惯习等概念构成一个方法框架，让研究者能够深入挖掘家庭教育投入中的文化与社会因素，理解其背后被家庭寄予的期待、规划，以及在儒家文化影响下对于教育的理念和价值观。

第四节　本书脉络与章节安排

本书的章节安排思路如下：绪论为全书简介。该章从研究的背景入手，详细地对家庭教育投入的相关文献进行梳理。该章对中国的家庭教育投入问题进行了介绍与分析，不仅综述了现有研究的思路，还分析了理解该现象的三种主要方法。经济学的视角不足以探究家庭教育投入背后的实践意义，因而还要借助文化视角，以及从教育系统与子女人生规划的视角来理解家庭对子女教育的投入。为了能够以这样的视角重新审视家庭教育投入问题，需要一种新的方法去提供全面深刻的解释。由此，绪论阐述了本书主张：用社会学的视角去理解家庭教育投入会有新的发现，并由此引出布迪厄的教育理论。

---

① KWO O, BRAY. Facing the shadow education system in Hong Kong[J]. IIAS Newsletter, 2011, 56.

② TSENG, L. -C. Private supplementary tutoring at the senior secondary level in Taiwan and Hong Kong [D]. Hong Kong：The University of Hong Kong, 1998.

第一章对法国社会学家皮埃尔·布迪厄的理论进行介绍与分析，论述其如何为研究教育现象和教育问题提供了有效工具。这一章借鉴布迪厄分析社会场域的方法，详细介绍三个步骤的方法框架，并综述了这一框架在现有研究中的使用情况。其中，特别关注如何将他的思想用作方法框架。布迪厄的思想在本书中有着举足轻重的地位，因为它有助于通过研究不同社会结构位置上主体的行为，从而理解其背后的价值与期待。该章解释了他的场域、资本和惯习的概念如何被用作理解不平等问题的"思考工具"。该章也解释了布迪厄的三步法，并回顾了一些采用这种方法的实证研究。通过回顾这些对布迪厄观点的应用来探讨其他教育问题，尤其是中国的教育议题。这一部分的文献评述证明了使用他的理论作为方法框架来理解中国的教育现象充满前景。此外，这一章还解释了如何将布迪厄最初的三步法应用到本书研究的背景中，并为每一步确定具体的研究问题。第一章为本书奠定了理论和方法基础。

在此基础上，本书的第二章到第七章分别呈现三个步骤的方法与结果。第二章和第三章是布迪厄方法框架中的第一步骤。这两章回答了第一个研究子问题：中国教育场域独特的结构、规则是什么？第二章是对第一步骤的详细论述，该章从场域的概念入手，讨论场域的特征，场域概念的贡献在于对广泛社会空间的划分，这让研究能够集中在对现象影响深远的领域，并确定人们在家庭教育投入方面为之奋斗的利益。为了理解一个场域，需要探索它是如何设定自己的成就标志作为场域斗争的目标的。同时，场域也会受到外部影响，这些影响与权力场域有关。这些分析是建立一个场域并产生关于家庭教育投入的新知识的关键。

其后第三章是这一步骤的研究发现，该章建立了一个家庭教育投入所处的教育场域，并描述了这个场域的特征和边界。该章前半部分调查了这个场域的演变，并解释了为什么它应该被视为一个场域。这里特别关注传统的科举考试制度和当代的考试系统，这两者都与该领域的关键利害关系有关。该章展示了家庭教育投入所面临的场域变化，并对外部压力作出反应。接下来是对场域中最重要的权力的描述——经济资本与文化资本。这些权力之间的关系为理解家庭教育投入提供了一种独特的社会背景。最后，笔者解释了在这个研究中为什么需要一个实证案例。该章描述了J市的案例，并解释了如何用它来理解正在调查的场域。

第四章和第五章是布迪厄方法框架中的第二步。这一步旨在回答家庭教育投入与场域结构的相互作用，以及是如何通过资本的占有与转换来实现的。首先第四章是对第二步的解读，该章从资本的概念入手，阐述了对资本概念的理解及其与场域结构的关系。该章确定了在这一领域中重要的不同形式的资本，即经济资本、文化资本和象征资本。在家庭教育投入的分析中，核心是理解家庭教育投入的资本如何转化并以怎样的形式存在于场域。该章还描述了从实证案例中产生的数据，其中主要介绍了深度访谈的方法，展现如何使用这些数据来分析这些资本形式，尤其是其中的文化资本的重要性。

随后第五章是对这一步分析的结果，对家庭教育投入的图景进行展开，重点呈现那些与家庭教育投入相关的资本等等。在这个过程中，通过对真实案例的分析，深入探究对不同形式资本的占有与转化情况。本书不仅关注那些投入中的经济资本，还看到了文化资本以及象征资本在其中的重要作用。在这个过程中深入探析了家庭教育投入的运作方式。与以往研究不同，这一章重点关注那些文化资本的存在形式与转化方式，为解释家庭教育投入的文化内涵提供了新的发现。

第六章与第七章呈现的是布迪厄研究方法中的第三步。这两章调查了不同场域位置的家长与家庭教育投入相关的惯习及其对场域的重建。这一分析回答了第三个研究子问题：在该场域处于不同位置的父母的惯习如何产生差异？第六章为对第三步的解读，即从惯习的概念入手，详细论述如何运用中国传统文化及俗语来将惯习这一概念进行本土化。这一章首先解释对惯习概念的理解，特别关注惯习与场域位置之间的关系。惯习使我们能够将人们的场域位置与家庭教育投入联系起来，从而结合结构性因素来理解人们在教育投入中的倾向与策略，因此从社会结构的角度来理解他们在实践中的差异。这一章还解释了如何通过绘制场域图的方法将实证案例中的参与者分配到不同的场域位置，为下一章的分析奠定了基础。最后，该章还解释了为什么要将布迪厄的理论扩展到当前的背景下，通过结合中国本土概念来洞察父母的教育信念和策略。

第七章对这一步的研究结果进行了论述。本书关注形形色色的中国家庭，了解不同场域位置上的家庭对于家庭教育投入的策略，以及不同家庭所做出的抉择与实践。这一章着重强调在中国信仰的文化社会背景下解释惯习，并分析与家庭教育投入有关的人们的场域位置和实践之间的关系。这里特别关注场域图中的两类特定位置，并分别解释了每类家长的倾向，并探讨了它们之间的差异。该章不仅呈现了各类家庭关于家庭教育决策的多角度的图景，还挖掘出教育投入对中国家庭的不同影响，并讨论其深远的教育与文化意义。

第八章着重进行综合讨论。具体来说，该章结合布迪厄的三个步骤的研究方法，综合前面结果进行了探讨，尤其是对其中出现的重要主题进行深入挖掘。结合文中理论研究与实证研究的成果，最终对家庭教育投入所处的环境及其意义进行论述。这一章综合了对场域、资本和惯习的讨论，并将主要发现与相关文献联系起来。在中国家庭教育从传统向现代转变的过程中，一些教育场域的核心因素并未发生变化，比如被家庭广泛追求的学业表现。但同时也有新的文化资本产生，让家庭教育投入也为之追求。因而，在这样的场域动态变化中，无数家庭的教育实践共同重新塑造着新的教育场域。

最后一章是对全书的总结。从回应本书研究问题开始，该章对本书所提出的问题进行了收束性的论述。除了展现布迪厄的研究方法是如何回答本书研究问题的，该章还确定了本书的研究对理论和政策的贡献，并建议如何使用研究结果和方法来产生新知识。讨论了本书研究的优势和局限性，并对今后的研究提出了建议。

第五节　小结

综上所述，本书从家庭教育投入这一议题出发，力求增进研究者和政策制定者对中国家庭教育投入的认识。本书认为，现有的理论不足以确定这些问题的性质以及家庭教育投入在其中所起的作用。本书采用新的视角，运用布迪厄的社会理论来更好地理解中国的家庭教育投入问题。由于布迪厄强调社会与文化因素，他的思想对于研究家庭教育的文化内涵具有重要意义。本书运用了他的"三步走"的方法框架，对中国家庭教育投入的问题有了深入的了解。本书围绕这个三步骤来组织，用以回应本书研究问题。

第一章：从布迪厄出发——一个社会学的研究视域

现在开始本书的第一项工程：从社会学视域找到分析家庭教育投入的研究框架。本章集中阐述理论框架，通过介绍和深入分析布迪厄的理论，关注家庭教育投入的社会意义。本书后面的章节中会对这一框架进行具体的讨论与应用。法国社会学家布迪厄在其理论中使用了"场域""资本"和"惯习"等重要概念，为解释社会现象、深挖现象背后的社会机制提供了有力工具。这些概念用来探讨法国教育在社会再生产中发挥的作用，并且以此为基础发展出了一个三个步骤的研究方法。该方法如今已经被广泛地用在社会科学研究中。本章集中讨论布迪厄的这些概念、理论和方法框架，用来论证其在本书中使用的适切性。

本章具体安排顺序如下。首先，本章最重要的作用在于讨论布迪厄的理论框架，第一节中先是讨论了布迪厄的关键概念，并论述在这些概念基础上发展出的研究社会现象的三个步骤的方法框架，特别是对其方法论方面的贡献进行分析，并且用其他研究者对该方法框架的应用做了综述，用以分析该框架的贡献与优势。这些讨论是本书使用该研究框架的基础。其次，本章的第二节简要介绍了布迪厄理论在教育领域的讨论和发展情况。通过分别阐述布迪厄本人对 20 世纪的法国教育进行的论述，其他教育研究者对其理论的发展应用，以及关注我国教育学者对布迪厄理论的讨论，这些研究可以为本书提供借鉴。最后，本章还具体论述了在本书中对其方法框架的使用，并根据他的方法框架提出布迪厄式的研究问题，并对研究方法进行了概括性阐述。

第一节　布迪厄的理论作为一种方法框架

一、布迪厄的"思维工具"

布迪厄的社会理论对于很多社会现象都有很好的解释力，尤其对理解社会结构以及社会中的权力关系方面有独特的贡献。作为批判理论的代表人物之一，布迪厄致力于解释社会差异的产生、复制与持续生成[1]，最终达成社会正义[2]。社会世界被布迪厄理解为一个充满竞争的游戏，在这个游戏中，参与者存在着不同的角色和地位，例如有支配者和被支配者，特权群体和弱势群体。布迪厄看到并充分重视个人以及社会群体之间的区别，并深入探究这些区别背后的权力关系。对于布迪厄来说，社会学的目标是"揭示构成社会宇宙的不同社会世界中最深层的结构，以及那些让社会再生产或转化的'机制'"[3]。

而为了解释社会结构以及社会差异的起源，布迪厄发展出很多关键概念，例如"场域""资本""惯习"等等。这些概念是理解布迪厄社会思想的关键，而且在当今社会具有方法论和理论价值。正如布迪厄自己解释的那样，他并没有试图"理论化"："我从来没有像美国人所说的那样，'做理论'或'构建理论'本身。如果认为我是在尝试某种'经典理论的综合'，那完全是对我的研究的误解。毫无疑问，在我的工作中有一个理论，或者更好地说，是一套思维工具，通过它们可以看到结果，但它并不是这样构建的。"[4]可见，在布迪厄自己看来，他的这些广为人知的理论和概念都具有重要的工具意义，他的"场域""资本""惯习"等概念旨在发展一种思考社会问题的方式，因而在瓦奎特对其采访中，他把这些概念称作"思维工具"，而非为了建构理论而创建

① OZGA, J., GEWIRTZ, S. Sex, lies and audiotape: Interviewing the education policy elite. In B. Troyna & D. Halpin (Eds.), Researching education policy: Ethical and methodological issues[M]. New York: Routledge, 1994: 121-135.

② KINCHELOE, J., MCLAREN, P. Rethinking critical theory and qualitative research. In N. K. Denzin & Y. S. Lincoln (Eds.), Qualitative research[M]. Thousand Oaks: Sage Publications, 1994: 138-157.

③ BOURDIEU, P. The state nobility: Elite schools in the field of power[M]. Cambridge, Cambridge, UK: Polity Press, 1996.

④ WACQUANT, L. Towards a reflexive sociology: A workshop with Pierre Bourdieu[J]. Sociological Theory, 1989, 7(1): 26-63.

的概念本身。

"场域"这个概念是布迪厄用来描述社会结构的。场域可以被理解为社会空间，他将场域定义为"位置之间客观关系的网络或配置"①。或者说场域是一种社会位置的体系，其内部根据权力关系进行构建。场域的结构特征是这个概念的核心，包括以下几个重要特征：首先，场域是争夺宝贵资本控制权和合法性的空间；第二，场域是基于资本的类型和数量，且由主导地位和被主导地位组成的结构化空间；第三，场域将斗争的形式强加于行动者；第四，场域具有一定程度的自主性，因为它们是由自己的内部机制构成的。

布迪厄在场域这个概念中强调，场域中充满了旨在保持或改变权力结构的斗争，而由于这些基于权力关系的内部结构，场域的概念有助于理解结构性的社会根源。布迪厄用场域这一概念来指代社会生活的各个领域，如法律、艺术和教育。这些生活领域有着独特的微观世界，并被赋予了一定的规则、规律和权威形式。一个场域具有的逻辑是，它不可简化为规范其他场域的逻辑，这一点将在第二章展开论述。布迪厄的实证研究视角鼓励研究者不要过早地缩小他们的调查范围，同时拒绝将组织的内部结构与其所处环境隔离开来②。

在本书中，家庭教育投入被看成是教育场域内的实践，这一事件应该与场域本身相关联，同时也需要与"权力场域"③联系起来。"权力场域"指的是不同社会场域（如经济场域和教育场域）所共有的社会空间。布迪厄认为，权力场域中发生的事情塑造了所有社会场域中可能发生的事件，同时社会场域中发生的事件反过来也塑造了权力场域，并影响了其他社会场域。④ 这个视角提醒我们需要在更广泛的语境中检查场域中的实践。场域的概念不仅用于理解特定的社会空间，如文学、教育和艺术，也用于区分整体的社会，来理解场域之间不同的规则和现象。例如理解教育场域，需要找到它与文学场域、艺术场域等的不同之处，比如特殊的场域规则等等。

① BOURDIEU, P., WACQUANT, L. J. D. An invitation to reflexive sociology[M]. Chicago：University of Chicago Press，1992：97.

② SWARTZ, D. Culture & power：The sociology of Pierre Bourdieu[M]. Chicago：University of Chicago Press，1997.

③ BOURDIEU, P. The state nobility：Elite schools in the field of power[M]. Cambridge，Cambridge，UK：Polity Press，1996：264-272.

④ THOMSON, P. Field. In M. J. Grenfell（Ed.），Pierre Bourdieu：Key concepts[M]. New York：Routledge，2014.

　　而"资本"就是在每个场域中起到区分作用的社会力量。换句话说，人们在社会中占据的位置取决于他们特定的资本禀赋。[①] 在布迪厄看来，社会空间是一个交换的场所，就好比一个市场，人们利用资本来实现交换，并且交换的结果也是获得资本。他将资本定义为一种"积累的劳动，当被代理人或代理人群体在私人的，即排他性的基础上占有时，他们能够以具体化或劳动的形式占有社会能量"[②]。可见，布迪厄意义上的资本概念不仅包含经济资本的含义，他还看到了非经济形式的资本，因而讨论的范畴延伸到广泛的社会实践中。

　　在此基础上，布迪厄明确指出，资本可以以三种基本形式出现：经济资本、社会资本和文化资本。经济资本是指"可以立即和直接地转换为货币，并可能以产权的形式制度化"[③]的那些资本。社会资本是"实际或潜在资源的总和，这些资源与拥有一个或多或少制度化的、相互认识和认可的关系的持续发生的网络有关"[④]。而文化资本在本书中最为重要。布迪厄确定了三种文化资本的形式，即身体化形式、物质形式以及制度形式，他认为"文化资本可以以三种形式存在：以身体化状态存在，即以身心长期倾向的形式存在；以物质化状态存在，即以文化产品的形式（图片、书籍、字典、仪器、机器等）……；在制度化的国家中，一种必须被区分开来的客观化形式存在"[⑤]。这些不同形式的资本就像纸牌游戏中的王牌[⑥]，在争夺稀缺物品的斗争中十分重要。而场域的结构也由资本的分布决定，因为这些资本能为持有它们的人赋予力量、权力并因此带来利润。

　　布迪厄把场域中那些个人和机构统称为代理人，而代理人在社会空间中的分布首先是根据其拥有的资本总量，其次是根据其资本的结构（即各种资本形式的相对比例），最后是根据资本在社会空间中的轨迹，这是因为资本的数量和构成都可以随着

① BOURDIEU, P., WACQUANT, L. J. D. An invitation to reflexive sociology[M]. Chicago: University of Chicago Press, 1992.

② BOURDIEU, P. The forms of capital. In J. G. Richardson (Ed.), Handbook of Theory and Research for the Sociology of Education[M]. Westport, CA: Greenwood Publishing Group, 1986: 241.

③ BOURDIEU, P. The forms of capital. In J. G. Richardson (Ed.), Handbook of Theory and Research for the Sociology of Education[M]. Westport, CA: Greenwood Publishing Group, 1986: 47.

④ BOURDIEU, P. The forms of capital. In J. G. Richardson (Ed.), Handbook of Theory and Research for the Sociology of Education[M]. Westport, CA: Greenwood Publishing Group, 1986: 51.

⑤ BOURDIEU, P. The forms of capital. In J. G. Richardson (Ed.), Handbook of Theory and Research for the Sociology of Education[M]. Westport, CA: Greenwood Publishing Group, 1986: 47.

⑥ BOURDIEU, P. Social space and symbolic power[J]. Sociological Theory, 1989, 7(1): 14-25.

时间的推移而演变①。因而，资本的概念提供了一种途径，研究者可以通过资本的占有与转化，理解代理人如何获得他们的社会地位，以及对代理人来说什么是利害攸关的，代理人们在社会空间中的目标是什么等等。

此外，资本是与场域紧密相连的。没有场域，资本就不能存在。资本赋予了对生产和再生产的物化权力和具体工具化的权力。资本的分配构成了场域的结构，并影响着、定义着场域正常运作的规律和规则。因此，资本对场域产生的利润是决定性的②。因此，在本书的研究中，需要辨识并分析那些和家庭教育投入相关联的重要资本形式，并了解该场域的规律和规则。

除了场域、资本之外，布迪厄的另一个重要的概念是"惯习"。惯习的概念解释了代理人在场域中的位置。布迪厄将惯习在实践中的作用描述为"对比赛的感觉"。就好比在足球比赛中，惯习可以看作是玩家思考、游戏和互动的方式，这些对足球游戏的思考会被他们带入实践中，并演变为"第二天性"③。长此以往，人们在足球比赛中的实践就是基于这种对游戏的感觉，而非基于理性选择或有意识的思考。布迪厄将惯习解释为"一种持久的、可转换的倾向系统，它整合了过去的经验，在每一刻都作为感知、欣赏和行动的母体发挥作用。由于存在对解决类似问题进行方案上的类比与转移，这种倾向系统使无限多样化的任务成为可能"④。

惯习作为一种倾向系统，代表了一种内化的社会和文化条件⑤，提供了一种理解人们社会位置的有效方法。换言之，惯习内化了特定场域的社会背景，包括个人在该场域的特定位置。个人在该场域的位置使他们倾向于特定的思维和行为模式。但从另一个角度讲，惯习不仅是由社会结构塑造而成，它也是社会结构的构建者。惯习对代理人在场域位置上所采取的策略有很大影响，是一种"策略生成原则，使代理人能够

① BOURDIEU, P. What makes a social class? On the theoretical and practical existence of groups[J]. Berkeley Journal of Sociology, 1987, 32: 1-17.

② WACQUANT, L. Towards a reflexive sociology: A workshop with Pierre Bourdieu[J]. Sociological Theory, 1989, 7(1): 26-63.

③ BOURDIEU, P., PASSERON, J. C. Reproduction in education, society and culture[M]. London: Sage, 1990: 63.

④ BOURDIEU, P. Intellectual field and creative project. In M. F. Young (Ed.), Knowledge and control: New directions for the sociology of education[M]. London: Collier-Macmillan, 1971: 83.

⑤ BOURDIEU, P., WACQUANT, L. J. D. An invitation to reflexive sociology[M]. Chicago: University of Chicago Press, 1992.

应对不可预见的和持久的情况"①。所以说，惯习和场域之间有一种相互建构的关系。而每个场域的社会实践都产生于惯习与场域位置的契合，以及心理结构与社会结构的对应或脱节。场域和惯习、位置和倾向实际上分别是从社会和个人的角度来看待社会实践。

布迪厄在理论中将实践模式概念化为惯习、资本和场域之间关系的结果。但他同时强调，实践并不能被简化为惯习或场域，而是源于它们的"相互关系"②。总之，这些概念解释了个人、机构和社会群体的实践模式。作为"思维工具"，它们提供了一种理解研究社会实践的方法。

二、布迪厄三步骤的方法框架

布迪厄不仅为研究社会实践提供了思维工具，还在这些概念工具的基础上发展出一整套进行社会研究的方法。由于布迪厄认为社会实践是惯习、资本和场域之间关系的结果，因此他通过个人、机构和社会群体的实践发展出一种系统的思维方式。布迪厄认为，场域应该被确定为社会科学研究的对象，并具体提出了研究一个场域的三步法：

1. 分析场域在权力场域中的位置。

2. 绘制出代理人或机构所占据的位置之间关系的客观结构，这些代理人或机构争夺本场域所处的特定权威的合法形式。

3. 分析行动者的惯习，他们通过内化一种确定类型的社会和经济条件而获得的不同习性，并在该领域的确定轨迹中找到或多或少有利的实现机会。③

具体来讲，这三个步骤实际上通过一个方法框架，把前文所论述的场域、资本和惯习联系起来。该方法框架的第一步是定义一个场域，而定义一个场域就要把它和更

---

①　BOURDIEU, P., PASSERON, J. C. Reproduction in education, culture and society[M]. London：Sage，1977：72.

②　BOURDIEU, P. The logic of practice[M]. Cambridge：Polity Press, 1990：56.

③　BOURDIEU, P., WACQUANT, L. J. D. An invitation to reflexive sociology[M]. Chicago：University of Chicago Press, 1992：104-105.

广泛的权力场域联系起来，探究该场域与权力场域的关系。既然场域这个思维工具是用来理解社会空间特有的规则、规律和权威的形式的，那么第一步就是定义它。而又由于任何作用于代理人的外部因素都是通过场域这个中介来进行的，因此有必要了解场域是如何受到这些外力的影响的。也就是说，研究一个场域的第一步是确定它的边界，特别是明确那些影响它的重要的权力关系。本书的第二章阐述了这一步骤的具体做法，并在第三章对此方法探究出的结果进行详细的汇报。

该方法框架的第二步是明晰场域的结构，这一步是通过调查该场域的代理人所持有的不同形式的资本来实现的。在这一步骤中，重点转移到内部场域结构，由于这些形式的资本的分配和转换能够体现出权力关系，所以可以通过对这些资本的探究，描绘出场域内部的具体结构，同时也就明确了代理人在场域中的位置。本书的第四章和第五章将分别对该步骤的方法和结果进行呈现。

该方法框架的第三步是去了解代理人的惯习。这一步的重要性在于，人们根据其在场域的位置获得相应的习性，并在实践中对场域结构进行了再塑造。惯习的概念不仅有助于解释场域中不同代理人的差异，而且能推导出场域结构是如何在人们的实践中不断形成的。本书的第六章和第七章将对该步骤的具体方法和结果进行具体的分析。

从布迪厄所提出的这个三步骤的研究方法框架也能看出布迪厄的关系性思维。因为正如布迪厄所主张的那样，实践不能仅仅归结为惯习、资本或场域，而是源于它们的"相互关系"。[①] 因此，这种方法代表了一种思考个人、机构和社会群体实践的系统方法。这个三步骤的方法框架并非一成不变，也不是必须按照此顺序依次进行。相反，这些原则在研究过程中不断相互作用。例如，为了理解买书的行为，这三个步骤就都需要考虑。实践与场域相关，在某些场域，比如教育，人们期望并鼓励购买书籍，而在另一些场域则可能并非如此，所以第一步就是要探究买书的实践属于哪个场域，以及这些价值和期望如何塑造该场域。第二步要求我们了解购买这本书涉及什么形式的资本。在这个案例中，出现了从经济资本到文化资本的转换。此外，买书的行为还应该与惯习的概念一起理解——例如，一个人是否喜欢阅读，他或她是否倾向于买书或从图书馆借书——这就区分了那些不读书的人，或者那些不重视读书的人。买书的人在买什么书方面也有区别。遵循这三个步骤，运用这三个步骤中的这些思维工具，我

---

① BOURDIEU, P. The logic of practice[M]. Cambridge: Polity Press, 1990: 56.

们就可以解释为什么有些人经常买书，而有些人却不买，并在买书的实践中识别出象征意义。虽然这三个步骤在本书中的呈现将按照这个顺序来展示，但在本书的实际研究过程中，它们之间是不断互动的，研究者需像布迪厄所倡导的那样在每个步骤之间反复进行并对关键结论进行补充与确认。这些结合三个步骤之间的讨论将在第八章呈现。

三、布迪厄方法框架的应用综述

布迪厄提出的三个步骤探究场域的方法已广泛地认为是一种有用的社会研究方法。越来越多的社会学研究者开始在自己的研究中应用该框架，并已经有专门讨论该方法框架的书籍和学术杂志专刊，其中包括《布迪厄与教育》《英国教育社会学杂志》和《教育政策杂志》等。这些资料探讨了布迪厄理论作为方法框架的不同用法，并提供了实证案例。

格伦费尔是三步骤方法框架的主要倡导者。他使用布迪厄方法的第一步来探索教育专业中合法的认知和行为规范，用第二步来调查教师与学生之间以及学生与学生之间的对话。通过这两个步骤，格伦费尔把他的研究与以往探究课堂语言的研究从方法上彻底区分开来，并解释了在学生和教师之间的教学交流中合法的话语体系的建立过程。[①] 詹姆士采用该方法框架研究了学生在高等教育中形成学术惯习的过程。在第一步和第二步的探究中，他解释了讲师的惯习与学生惯习的不同之处，前者的权威和权力是从外界的期望中发展出来的，而这些期望会影响机构内部所发生的事情。相对而言，学生在入学之初对这些价值观一无所知，只是根据他们已有的习性做出反应，但他们这些习性影响下的实践也会导致机构价值的变化，而这一步是通过方法框架中的第三步来实现的[②]。霍金森在研究中重点使用布迪厄方法框架的第一步，研究了教育场域和职业场域之间的关系，研究表明年轻人在职业生涯中其实是存在着被国家规定的合法路线[③]。奈杜也采用第一步来批判性地探究了高等教育与社会政治和经济复杂

① GRENFELL M, JAMES D. Bourdieu and Education：Acts of Practical Theory[J]. Falmer Press, 1998.

② JAMES, D. Higher education field-work：The interdependence of teaching, research and student experience. In M. Grenfell & D. James (Eds.), Bourdieu and education：Acts of practical theory[M]. New York：Routledge, 1998：104-121.

③ HODKINSON, P. Career decision making and the transition from school to work. In M. Grenfell & D. James (Eds.), Bourdieu and education：Acts of practical theory[M]. New York：Routledge, 1998：89-104.

性之间的关系，他在研究中深入探索场域概念相关的方法①。格伦费尔和詹姆士探讨了教育场域本身的变化。他们使用了一个教育研究项目的例子来说明布迪厄的想法在实践中的解释力，并重点展示了资本的运作如何对教育研究领域的自主性构成挑战，他们研究目标的达成也是通过布迪厄方法框架中的第一步②。汤姆森试图了解校长在教育场域的位置和具体实践。研究发现校长不仅支持教育场域获得更多的自主权，还通过积极游说的方法争取自主权。研究通过使用布迪厄方法的第三步得到重要结论，即对自主权的追求是校长最为关键的惯习之一③。以上这些研究都以布迪厄的理论为方法框架。他们不仅为布迪厄的方法框架在教育中的使用提供了具体的案例，还具体而全面地展现了这种方法在创建新知识的过程中带来的贡献。

　　除了以上研究之外，布迪厄的研究方法也被广泛地用来理解教育政策。拉德维希将教育政策作为一个社会场域进行分析，系统地阐述了将布迪厄的框架应用于教育政策所涉及的方法论问题④。后来，林加德、拉沃尔和泰勒使用布迪厄的方法将教育政策过程理论化，他们发现教育政策领域的自主性在下降，认为场域的概念必须扩大到国家层面以外，以考虑到新兴的全球教育政策领域⑤。同年，汤姆森采用了类似的方法来解释英国政府的政策转变。她认为布迪厄的方法表明，政策可以看作是场域和跨场域的资本交换。此外，布迪厄的思想也被用来理解高等教育的政策⑥。梅顿认为，布迪厄的框架使学者能够将高等教育的社会结构视为研究对象，他在该领域的两个不同的过渡时期探索了高等教育政策，还发展了布迪厄的框架来强调自治，这个概念可

①　NAIDOO, R. Fields and institutional strategy: Bourdieu on the relationship between higher education, inequality and society[J]. British Journal of Sociology of Education, 2004, 25(4): 457-471.

②　GRENFELL, M., JAMES, D. Change in the field—changing the field: Bourdieu and the methodological practice of educational research[J]. British Journal of Sociology of Education, 2004, 25: 507-523.

③　THOMSON, P. Headteacher autonomy: A sketch of a Bourdieuian field analysis of position and practice[J]. Critical Studies in Education, 2010, 51(1): 5-20.

④　LADWIG, J. G. For whom this reform? Outlining educational policy as a social field[J]. British Journal of Sociology of Education, 1994, 15(3): 341-363.

⑤　LINGARD, B., RAWOLLE, S., TAYLOR, S. Globalizing policy sociology in education: Working with Bourdieu[J]. Journal of Education Policy, 2005, 20(6): 759-777.

⑥　THOMSON, P. Bringing Bourdieu to policy sociology: Codification, misrecognition and exchange value in the UK context[J]. Journal of Education Policy, 2005, 20(6): 741-758.

以用来研究高等教育走向市场化和管理主义的影响①。赞滕认为布迪厄关于教育的著作包含三种政策理论，每一种理论都对学校自治提供了不同的解释，并且在布迪厄的教育社会学中，决定论和行动可能性之间存在着持续的紧张关系，国家和统治阶级对教育的影响已经嵌入教育机构的分类和日常实践中②。林加德等人使用布迪厄的方法将教育政策过程理论化，主张在教育中出现一个新兴的全球政策领域③，他们还开发了布迪厄的概念工具来理解他们所谓的政策中的"跨领域效应"④。

这些研究都表明，布迪厄的方法可以用于分析政策制定和政策实施中的权力关系。特别需要注意到，这种方法的优势在于其有助于理解教育与社会、经济和政治权力之间的关系。虽然他们没有特别关注本书所涉及的家庭教育投入问题，但这些研究都为本书使用布迪厄的方法提供了重要的参考。

第二节　布迪厄的社会理论与教育学应用

由第一节的讨论可见，布迪厄这个由几个核心概念工具发展而来的方法框架具有重要的理论和方法论意义，对于研究某个特定场域的现象有很好的指引作用。那么在解释本书如何运用这三步来解决研究问题之前，这里还要先讨论一下布迪厄本人对教育的看法，以及后续研究者对其理论在教育中，尤其是在中国的教育研究中的应用。

一、布迪厄针对法国的教育论述简介

在布迪厄的社会理论中，除了"思维工具"的精彩讨论之外，还有很多直接针对20世纪法国教育现象与教育问题的论述。这些探讨与分析对于本书探讨的教育问题也具有借鉴意义。教育是布迪厄感兴趣的主要领域之一，他的许多关于教育的著作被广泛

---

① MATON, K. A question of autonomy：Bourdieu's field approach and higher education policy[J]. Journal of Education Policy, 2005, 20(6)：687-704.

② ZANTEN, A. v. Bourdieu as education policy analyst and expert：A rich but ambiguous legacy[J]. Journal of Education Policy, 2005, 20(6)：671-686.

③ LINGARD, B., RAWOLLE, S., TAYLOR, S. Globalizing policy sociology in education：Working with Bourdieu[J]. Journal of Education Policy, 2005, 20(6)：759-777.

④ RAWOLLE, S., LINGARD, B. The sociology of Pierre Bourdieu and researching education policy[J]. Journal of Education Policy, 2008, 23(6)：729-741.

讨论，包括《教育、社会和文化中的再生产》《国家贵族：权力领域的精英学校》和《继承者》等等。在这些作品中，布迪厄提出了他对 20 世纪的法国教育的看法。

在早期作品中，布迪厄对当时法国的学校作为社会变革场所的观点提出了挑战。他认为，法国的学校不仅再生产了社会不平等，还成为使学校文化合法化的最重要机构①。文化资本的占有程度随社会阶层的不同而有所区别，但正如布迪厄指出的那样，法国的教育制度要求每个人都具有某些只能由统治阶级传播的文化资本形式，例如语言和文化能力。由于这种合法文化实际上只属于一小部分人，法国的学校教育可能导致下层学生的学习困难。事实上，在对法国教育的研究中，布迪厄发现很多学生并不理解老师的教学，尤其是在高等教育中②。然而，教育差异却被"误解"为个人天赋的拥有或缺乏，而不是作为一种基于阶级的现象③。因此，学术竞争的结果被视为个人能力差异的结果。换言之，以学术标准来衡量能力差异源于一种"阶级文化惯习与教育系统的要求或定义成功的标准之间或多或少的契合性"④。因此，法国当时的学校系统通过"复制合法文化的现状，并生产能够合法操纵它的代理人"⑤，有效地服务于统治阶级的利益。此外，学历文凭也为不平等提供了一个明显的理由，这被归因于"自然"因素而不是文化因素。这使得教育成为延续法国现存的社会模式的最有效方式之一。

在对法国教育的探究中，布迪厄特别强调了文化资本的作用，认为其可以解释"经济不均无法解释的教育表现和文化实践的差异"⑥。他认为，对资产阶级文化的熟悉程度是"生活机会的一个主要决定因素，在个人才能和学术精英的外衣下，其不平等分配有助于保持社会等级"⑦。此外，他还用惯习来解释当时法国社会地位在家庭中

① BOURDIEU, P. Cultural reproduction and social reproduction[M]. London：Tavistock, 1973：178.

② BOURDIEU, P., PASSERON, J. C. Reproduction in education, society and culture[M]. London：Sage, 1990.

③ BOURDIEU, P., PASSERON, J. C. The inheritors：French students and their relation to culture[M]. Chicago：University of Chicago Press, 1979：22.

④ BOURDIEU, P., PASSERON, J. C. The inheritors：French students and their relation to culture[M]. Chicago：University of Chicago Press, 1979：22.

⑤ BOURDIEU, P., PASSERON, J. C. Reproduction in education, society and culture[M]. London：Sage. 1990：59-60.

⑥ BRUBAKER, R. Rethinking classical theory[J]. Theory and Society, 1985, 14(6)：745-775.

⑦ WACQUANT, L. Pierre Bourdieu. In R. Stones (Ed.), Key contemporary thinkers[M]. London and New York：Palgrave Macmillan, 2006：262.

的传递。惯习的一个重要维度是对教育的积极态度：人们同意在学校投入时间、精力和金钱，以便将这些资源转化为文化资本并积累文化资本。惯习也被用来解释社会阶层之间的品位差异，即持久的习性。

布迪厄这些关于教育的思想不仅是其社会理论中重要的一部分，还为其概念的使用提供了有效案例。但必须注意到的是，布迪厄对教育的研究是建立在 20 世纪法国教育体系的基础上的，因而他对于教育作用的很多判定具有很鲜明的时代和地域特点。而本书中所研究的教育现象所处的时代和社会背景与布迪厄研究的对象有着显著区别，这就要求笔者去认清这些差别，并能够谨慎地剥离出布迪厄理论中那些依旧有解释力的部分，在适应具体的语境的情况下，发展出适合我国当代教育的分析与结论。任何企图生搬硬套布迪厄理论甚至结论的研究都很难适应时代的发展要求。

二、布迪厄的理论应用于教育领域研究综述

教育领域是布迪厄最关注的领域之一，而后来的学者也应用其理论于教育研究之中。很多学者都在实证研究中使用他的概念，特别是他关于资本和惯习的观点已被教育研究者广泛使用。这些研究提供了和布迪厄研究的法国社会所不同地域、时代的研究参考。

其中，布迪厄的文化资本概念被许多研究者关注并用于理解教育的社会影响。例如，研究者探讨了父母的教育背景如何被下一代继承的话题。研究者发现，在英格兰和威尔士的 10 000 名男性中，学校出勤率与文化资本有关，他们通过参与者的父亲学历和兄弟的学校出勤率来衡量文化资本。同时，他们在报告中说，文化资本对教育成果没有进一步的影响。因此，他们得出的结论是文化资本在代与代之间的可转移性似乎越来越弱[1]。罗宾逊和卡尼尔通过大型调查研究分析了法国教育再生产的状况，发现教育在再生产管理和监督职位方面发挥了直接作用，但在再生产企业所有权方面没有作用。他们还认为，阶级特权的再生产对男性的效果不如对女性的效果好。因此他们得出结论，再生产的影响可能被夸大了[2]。一项瑞典的研究发现，文化资本在 20 世

[1] HEATH, A. F., RIDGE, J. M. Origins and destinations: Family, class, and education in modern Britain [M]. Oxford: Clarendon Press, 1980.

[2] ROBINSON, R. V., GARNIER, M. A. Class reproduction among men and women in France: Reproduction theory on its home ground[J]. American Journal of Sociology, 1985, 91(2): 250-280.

纪对儿童受教育程度的影响有所下降，在该研究中的文化资本定义为母亲或父亲的最高教育水平①。英国一项针对儿童发展的研究发现，父亲为专业岗位人员的孩子往往比管理人员的孩子在教育上更成功，而且职业家庭出身有利于他们进入专业职业，而不受教育程度的影响。这些研究为文化资本在教育和社会再生产中的程度与机制提供了证据，并且提供了和布迪厄研究的法国社会所不同地域、时代的研究参考②。

文化参与与文化资源也被研究者关注到。作为文化资本的一种形式，人们发现文化参与在文化再生产机制中的重要性。其中最有影响力的一项研究调查了文化参与对美国学生高中成绩的影响。迪马乔利用美国的"人才项目"数据库，从 1960 年的第一轮和 1971 年的第二轮招募的 1 906 名学生作为面试样本。在与教育成就的关系中，探讨了广泛的文化资本的潜在衡量标准。研究发现文化参与对美国学生的成绩没有显著影响，而文化资本对学生的成绩有显著影响。该研究中的文化资本指参与文化活动（绘画、表演、听音乐会、阅读文学作品）③。三年后他们报告认为，这种文化资本继续对大学和研究生院的出勤率产生影响④。随后的一项研究使用了相同的数据库，但侧重于父母的文化资本，这是根据学生成长过程中家中的文化资源（书籍、乐器、古典唱片、艺术设备、照片冲洗设备）和杂志阅读量来衡量的。他们发现，文化资本与家庭文化资源密切相关。这些结果指出了文化资本与教育投入之间可能存在的关系⑤。

文化参与与教育成就之间也有密切联系。研究者利用荷兰生活质量调查的数据建立了一个受教育程度的线性模型，该模型的结果对布迪厄的再生产思想提出了质疑。研究发现，虽然教育程度和职业水平较高的人确实有自己的群体文化，但无论在 1950 年之前还是之后，他们并没有为子女提供更好的教育环境。也就是说，研究结果证实了家庭背景与文化参与（参观博物馆、画廊、剧院、音乐会、历史建筑）之间的相关

① JONSSON, J. O. Class origin, cultural origin, and educational attainment: the case of Sweden[J]. European Sociological Review, 1987, 3(3): 229-242.

② EGERTON, M. Occupational inheritance: The role of cultural capital and gender[J]. Work, Employment and Society, 1997, 11(2): 263-282.

③ DIMAGGIO, P. Cultural capital and school success: The impact of status culture participation on the grades of US high school students[J]. American Sociological Review, 1982: 189-201.

④ DIMAGGIO, P., MOHR, J. Cultural capital, educational attainment, and marital selection[J]. American Journal of Sociology, 1985, 90(6): 1231-1261.

⑤ DIMAGGIO, P., MOHR, J. The intergenerational transmission of cultural capital Research on Social stratification and Mobility[M]. Bingley, UK: JAI Press, 1996.

性，但对家庭背景与教育程度之间的直接相关性提出了质疑①。克鲁克使用阅读和艺术参与来衡量文化资本，分析 1993 年澳大利亚国家社会科学调查的数据。在控制了其他因素后，他发现父母和孩子的文化资本之间存在相关性，但报告称文化资本在父母和孩子之间没有刚性传递。他还认为，文化参与的职业回报是间接的，其中受到教育程度的调节作用②。阿沙芬堡等使用美国公众参与艺术调查的数据来检验文化再生产理论。他们发现，父母文化资本和文化参与的影响在 12 岁之前、12~17 岁和 18~14 岁之间都是显著的，并且在整个教育生涯中都有持久的影响。特别是，课后的文化参与（艺术课）比学校的参与效果更大③。罗斯基诺等人还发现，参加文化课（艺术、音乐和舞蹈）和参观博物馆与学生的平均成绩和数学考试成绩有显著的正相关。这种效果并没有因种族而呈现显著性差异④。沙利文发现在文化参与与考试成绩的联系中，学生的词汇量和文化知识可以作为中介因素⑤。这些研究都探讨了文化参与与教育成就之间的关系。然而，文化资本的概念以不同的方式使用，可以说反映出布迪厄的原始定义缺乏清晰度。尤其是在大样本的定量研究中，由于使用了不同的指标来衡量文化资本，他们的研究结果难以横向进行对比。许多研究中的文化资本概念已经参杂了惯习的影响。

除此之外，惯习在教育研究中也深受学者重视。戴安·迪伊探索了惯习与儿童课堂实践的关系，为其在教育研究方法论中的应用做出了重大贡献。她用惯习来解释性别、种族和阶级的差异是如何嵌入到日常实践中的，以及学生是如何同时构建自己所在社会的独特性的⑥。迪伊等学者探讨了工人阶级学生在陌生的精英大学里的遭遇。

① DE GRAAF, P. M. The impact of financial and cultural resources on educational attainment in the Netherlands [J]. Sociology of Education, 1986: 237-246.

② CROOK, C. J. Cultural practices and socioeconomic attainment: The Australian experience[M]. Westport, CT, Greenwood Publishing Group, 1997.

③ ASCHAFFENBURG, K., MAAS, I. Cultural and educational careers: The dynamics of social reproduction [J]. American Sociological Review, 1997: 573-587.

④ ROSCIGNO, V. J., AINSWORTH-DARNELL, J. W. Race, cultural capital, and educational resources: Persistent inequalities and achievement returns[J]. Sociology of Education, 1999: 158-178.

⑤ SULLIVAN, A. Cultural capital, rational choice and educational inequalities[M]. Oxford: University of Oxford, 2000.

⑥ REAY, D. "They employ cleaners to do that": Habitus in the primary classroom[J]. British Journal of Sociology of Education, 1995, 16(3): 353-371.

这些学生表现出自我审视和自我完善的倾向，同时保留了他们工人阶级背景中重要的方面①。另有学者也调查了出勤率对特定教育机构的影响，结论是教育机构对学生申请大学和随后的高等教育目的地产生了影响②。

　　对惯习研究的其他贡献包括迪迈的工作，他分析了八年级男孩和女孩的文化参与，并将惯习操作化为学生的职业抱负。杜马斯得出结论，惯习本身对学生有很强的影响，但文化活动对所有学生的影响并不相同③。纳什分析了来自新西兰学校报告的数据，认为惯习的一些因素，如抱负、学术自我概念和对学校教育的看法，与学校的相关的教育进程有关。拒绝学校教育理念的工人阶级学生未能按照学校教育理念构建惯习，因此，他们也被排斥在外④。拉鲁利用惯习探讨了父母将优势传递给下一代的机制。结果表明工薪阶层和贫困家庭的父母采用"自然成长"的方式，为孩子的成长提供了条件，但也允许他们选择自己的休闲活动。相比之下，中产阶级的父母则采取"协同培养"的方式，试图通过符合孩子年龄的有组织的活动来培养孩子的才能，他们认为这些活动可以传授重要的生活技能。"协同培养"一词意在表达出美国中产阶级白人和黑人父母为培养孩子的认知和社交技能所做的持续努力。拉鲁确定了这种育儿方式的三个方面：对课外活动的投入、父母和老师之间的互动模式以及父母和孩子之间的互动模式⑤⑥。最近，学者也使用惯习来探索移民家庭的语言学习，解释了学习者从抵制到承诺的转变与惯习实现的关系⑦。以上这些研究都应用了惯习的概念来分析学生和家长在学校和家里的做法，强调惯习可以以不同的方式呈现，并对教育的再生产

① REAY, D., CROZIER, G., CLAYTON, J. "Strangers in paradise"? Working-class students in elite universities[J]. Sociology, 2009, 43(6): 1103-1121.

② REAY, D., DAVID, M., BALL, S. Making a difference? Institutional habituses and higher education choice [J]. Sociological Research Online, 2001, 5(4): 1-12.

③ DUMAIS, S. A. Cultural capital, gender, and school success: The role of habitus[J]. Sociology of Education, 2002, 75(1): 44.

④ NASH, R. The educated habitus, progress at school, and real knowledge[J]. Interchange, 2002, 33(1): 27-48.

⑤ LAREAU, A. Home advantage: Social class and parental intervention in elementary education[M]. Philadelphia: The Falmer Press, 1989.

⑥ LAREAU, A. Unequal childhoods: Class, race, and family life[M]. Berkeley, CA: University of California Press, 2011.

⑦ MU, G. M., DOOLEY, K. Coming into an Inheritance: Family support and Chinese heritage language learning [J]. International Journal of Bilingual Education and Bilingualism, 2015, 18(4): 501-515.

的效果有所区别。

三、国内教育学对布迪厄的讨论综述

布迪厄的理论在我国也颇受重视。自 20 世纪 70 年代在中国首次使用以来，引起了越来越多学者的兴趣。布迪厄的著作被广泛翻译，学者们用他的理论来解释各种社会问题。本节用来回顾布迪厄的理论在中国教育研究中的应用。

最初，我国学界采用布迪厄理论的研究主要集中在对其概念的应用，特别是应用资本、惯习等概念来理解中国的教育问题。余秀兰比较了城市学生和农村学生的语言能力，发现城市学生对写作要求的理解程度更高，写作能力更强，词汇量也更大。她将语言概念化为一种文化资本，认为这种文化资本极大地影响了学生的学业成就。而由于城市家庭使用的语言与学校使用的语言相似，而大多数农村家庭在家里说当地方言，因此前者在学校学习中更具有优势[①]。庄西真用惯习的概念探讨了公立学校行政与教学的关系。他发现，现行管理文化对行政人员有利而对教师不利，因为行政人员的职位塑造了他们的惯习，而他们的日常实践反过来又重塑了在学校中的行政权威[②]。周海玲利用文化资本的概念探讨了随父母从农村地区移民到城市中心的"流动儿童"之间的教育差异。周海玲发现这些流动儿童在三种文化资本方面都处于劣势，并认为这些劣势导致了教育差异[③]。然而，迄今为止较少有研究在中国语境中使用场域的概念。

最近，学者们开始运用布迪厄的不止一个概念来对教育进行更全面的理解。然而，较少有研究使用布迪厄的观点作为研究方法。朱斌使用来自北京大学生小组调查的数据来检验大学生教育成就的阶级差异。结果显示来自精英家庭的学生更有可能成为学生干部，语言能力也更好，但他们的学习成绩往往较低。朱斌的解释是，在标准化的体系中，文化再生产的机制被大大削弱了，来自下层阶级的学生可以通过自己的努力获得好成绩。相比之下，学生干部的选举比学习成绩更具有开放性和主观性，因此社

---

① 余秀兰. 城乡孩子的语言差异：一种文化资本的传承[J]. 南京社会科学，2004(08)：79-82.

② 庄西真. 公办中学学校行政人员文化研究——由布迪厄的"惯习"观点说开去[J]. 教育理论与实践，2004(15)：17-20.

③ 周海玲. 论流动儿童教育公平化的策略——文化资本的视角[J]. 教育理论与实践，2008(25)：23-26.

会出身的作用更为重要①。一项中外学者的联合研究探讨了父母在中学学业竞争中的作用。他们解释说，在中国新兴的教育市场结构中，父母养成了竞争的习惯，并展示了不同形式的资本是如何与该场域的位置联系在一起的。他们的发现对于理解中国父母在家庭教育投入中面对竞争和机遇时的不同做法具有重要意义②。总的来说，这些研究极大地促进了对中国背景下文化资本和习惯的具体方面的理解。

此外，布迪厄的理论也被用来考察中国教育中的其他问题。学者调查了一些农村学生如何进入顶尖大学，研究认为农村学生向上流动具有复杂性，他们有着学业成功的沉重负担，只有最具优势者才有可能逃脱社会命运③。另一项针对农村学生的研究探讨了那些农村户籍的父母进城务工进程中，随家进城的"流动儿童"和留在农村的"留守儿童"的情况。研究发现，这些学生认为上学是通往他们理想未来生活的途径，但他们的韧性并不能完全改变使他们被边缘化的权力关系。这些研究提供了对中国教育公平复杂性的洞见，尽管并没有明确说明以教育场域为研究对象，但提供了将教育作为一个独立的领域进行分析思考的案例④。另有学者对新一代农村教师的社会地位进行了调查。通过分析他们在中国农村的社会轨迹，认为他们的地位是由他们拥有的资本的数量和结构决定的，研究还关注到资本变化对他们一生的影响。这项研究的发现为理解这一重要的新兴社会群体以及中国农村社会变革的潜力提供了新的理论视角⑤。另一个研究小组调查了支教项目，即从中国著名大学招募学业成绩优异的学生

---

① 朱斌. 文化再生产还是文化流动？——中国大学生的教育成就获得不平等研究[J]. 社会学研究，2018，33(01)：142-168+245.

② ZHAO, X., SELMAN, R. L., LUKE, A. Academic competition and parental practice：A study of habitus and change[M]∥ In G. M. Mu, K. Dooley, A. Luke (Eds.), Bourdieu and Chinese education：Inequality, competition, and change. New York：Routledge, 2019：158-188.

③ LI, H. Rural children's academic success, transformative habitus, and social mobility cost[M]∥ In G. M. Mu, K. Dooley, A. Luke (Eds.), Bourdieu and Chinese education：Inequality, competition, and change. New York：Routledge, 2019.

④ MU, G. M. Resistance as a sociological process of resilience：Stories of under-resourced migrant families[M]∥ In G. M. Mu, K. Dooley, A. Luke (Eds.), Bourdieu and Chinese education：Inequality, competition, and change. New York：Routledge, 2019：120-157.

⑤ DU, L. "Make it back"?：The social positioning of the new generation of rural teachers in China[M]∥ In G. M. Mu, K. Dooley, A. Luke (Eds.), Bourdieu and Chinese Education：In equality, Competition, and Change. New York：Routledge, 2018：76-94.

到农村学校服务项目，研究者们详细分析了这些年轻人在性格和资本方面的变化①。

综上所述，布迪厄的思想在中国的教育研究中变得越来越重要。学者们以不同的方式使用它们，涉及的主题包含学业获得、教师发展、学生成长、家庭教育、高等教育等等。这些实证研究都将布迪厄的思想运用到中国的语境中，为本书的理论与方法使用建立了良好的基础。

第三节　本书的研究方法框架

到目前为止，这一章已经解释了选择布迪厄理论的原因，并讨论了学界对布迪厄理论的应用作为借鉴参考。值得强调的是，本书主要借鉴布迪厄研究教育与社会的方法框架，而对其对教育的观点有所保留，即从方法上进行借鉴，从而在中国本土的语境下得到对教育的实际判断。在这些基础上，本节讨论本书研究对布迪厄方法框架的使用，对于布迪厄的方法框架根据本书研究的对象和语境进行调整和转化。

一、布迪厄方法框架的转化

表1-1显示了本书对布迪厄方法框架的转化与运用。首先，从研究目的来看，布迪厄提倡研究者要把场域看成研究对象，那么本书所关注的家庭教育投入问题就要放置在场域这样的理论框架之内，具体来说，本书的研究目的就是探究家庭教育投入在教育场域中的作用。

表1-1　布迪厄的理论框架在本书研究中的转化

	布迪厄的理论框架	本书研究的理论框架
研究目的	研究一个场域	探究家庭教育投入在教育场域中的作用
第一步	分析场域在权力场域中的位置	把家庭教育投入放置在一个场域中，并理解该场域在权力场域中的位置

---

① YIN, Y. M., DOOLEY, K., MU, G. M. Educational practice in a field of mediation: Elite university graduates′ participation experience of an alternative program of schoolteacher recruitment for rural China[M] ∥ In G. M. Mu, K. Dooley, A. Luke (Eds.), Bourdieu and Chinese education: Inequality, competition, and change. New York: Routledge, 2019.

	布迪厄的理论框架	本书研究的理论框架
研究目的	研究一个场域	探究家庭教育投入在教育场域中的作用
第二步	通过资本去理解场域的结构	理解家庭教育投入中资本的转化，从而理解教育场域的结构
第三步	探究不同场域位置上行动者的惯习及其对场域的建构作用	去理解和家庭教育投入相关的惯习，比较不同场域位置上惯习的差别以及其对场域的建构作用

方法框架中的第一步是分析场域在权力场域中的位置。布迪厄使用场域一词来指代社会生活的各个领域，如法律、艺术和教育等等。这些生活领域有不同的微观世界，每一个都被赋予了规则、规律和权威形式，每一个场域的逻辑都不可化约为规范其他领域的逻辑。因此，这里需要把家庭教育投入所在的教育领域单独研究，考察其是否具有场域的特征，并理解其与权力场域之间的关系。第二章将详细阐述该方法在本书研究中的具体含义。

第二步的重点是建立场域的结构，而这种结构的探究是通过代理人所持有的资本的占有或者转换情况达成的。布迪厄强调，在个人和机构之间创造差异的基本社会力量源自不同形式的资本——经济资本、社会资本、文化资本和象征资本。本书的研究需要确定教育场域的重要资本形式，以及这些资本形式如何在该场域完成合法化。这一步骤有助于描绘该场域的结构，并确定家庭教育投入实践在场域建构中的作用。第四章将更详细地解释这一步骤。

第三步是探究代理人的惯习，通过分析不同场域位置上代理人惯习的差别来理解场域，尤其是理解这些实践对场域的建构作用。布迪厄谨慎地将场域与游戏进行比较，并指出惯习是一种"游戏的感觉"。本书的研究需要去理解与家庭教育投入相关联的惯习，并比较不同场域位置上家长惯习的差别，进而理解这些实践对教育场域的建构意义。第六章详细介绍了这一步骤。

二、提出布迪厄式的研究问题

根据布迪厄的方法框架，本书中涉及的研究问题可以重新进行表述。本书将布迪厄的思想作为方法框架进行了详细探究，并利用它们来回答以下布迪厄式的研究问题：

（1）中国的家庭教育投入处在怎样的场域之中，而这个场域又有哪些来自外部的期待与压力？

（2）在家庭教育投入实践中存在何种形式的资本及转化？

（3）教育场域中，不同场域位置的父母的惯习有何差别，又对场域产生什么影响？

对这些具体的问题的回答最终要解决总的研究问题，即家庭教育投入实践对于中国的教育发展来说究竟意味着什么。尽管人们已经看到家庭教育投入中的诸多挑战，但是对于其中具体的机制，以及家庭教育投入的深远影响并未深究。

布迪厄的理论促使本书将这些教育实践理论化。布迪厄的场域理论强调，场域之外的变化只能通过场域起作用，而不能直接影响场域内的主体。以此为出发点，家庭教育投入的研究不能脱离中国的教育场域而孤立地讨论。因而，上述这三个具体的研究问题的答案即将帮助理解三个不同层面上的家庭教育投入问题。接下来的章节将详细论述分析方法，以及每个步骤的具体内容与结论。

第四节　小结

本章描述并论证了本书的理论基础和方法框架。通过仔细解释布迪厄的理论、他的方法框架，以及在当前背景下的适切性，本章建立起本书的框架。本书中对家庭教育投入的讨论受到布迪厄实践理论的启发。整个研究的设计和实施反映了理论和方法之间的连贯一致，以产生对中国家庭教育投入的深入探究。

第二章：建立场域——方法框架第一步

　　本书旨在以布迪厄的社会理论作为方法框架去理解中国的家庭教育投入状况。如第一章所论述，布迪厄在其社会理论中提供了探究场域的方法框架，共包含三个明确步骤，本书的研究正是遵循布迪厄所提出的这三个步骤。从本章开始到第七章，会逐步分析这三个步骤的具体内涵及其在本书的研究中应用后得出的结果。本章与第三章对应该框架里的第一步，本章侧重解释第一步的意义、内涵与方法，第三章重点呈现分析结果及其相应结论。

　　布迪厄曾论述探究场域的三个步骤，其中第一步就是要分析这个场域在权力场域中的位置。因而，在本书的研究中，首先要把布迪厄方法框架中的第一步进行转化，分析家庭教育投入所处的场域，以及该场域与权力场域之间的关系。这一步骤的重要性在于它设定了本书的研究的所处环境边界，并为后面场域内部的分析奠定基础。本章详细阐述"场域"这一概念的内涵，并论述这一概念在本书的研究当中的应用。在本书的研究中，场域理论的重要性在于其界定了研究将要分析的社会空间，并且定义出在家庭教育投入中所要争夺的核心利益。一个场域具有其独特的成就标志，也即是场域中的代理人在实践中所争夺的对象。同时，场域也受到来自场域外部的影响，因而也需要去分析权力场域的情况。因此，研究家庭教育投入情况，务必要先界定其所在的场域并对该场域的性质进行分析。

　　本章的具体安排如下：第一节讨论布迪厄的"场域"概念。本节从解释"场域"的概念开始，详细论述场域的关键特征，并由此阐述场域概念为何能够帮助理解家庭教育投入。这一部分的目的在于为本书的研究确立一个明确的场域标准，并且阐述场域视角下所提供的对研究问题的全新理解。此外，本节还论述了布迪厄的"权力场域"概念，该概念用于论述一个场域所在的权力关系网络，可以用于解释那些来自场域外部的压力与影响。在本章的第二节，作者将要解释具体在本书的研究中是如何建立场域的。其中包括如何把布迪厄的研究方法中的第一步转化到本书的研究中的，以及为何要用一个城市作为案例来对场域概念进行具体化和操作化。

第一节　理解场域概念

一、场域的形成

场域(field)是法国社会学家皮埃尔·布迪厄理论体系中的重要概念，对于观察、理解和深入分析教育活动和教育现象具有重要的本体论和方法论意义。布迪厄用"场域"这一概念去描述社会的结构，认为"一个场域可以被定义为在各种位置之间存在的客观关系的一个网络，或一个构型。正是在这些位置的存在和它们强加于占据特定位置的行动者或机构之上的决定性因素之中，这些位置得到了客观的界定"①。场域是行动者争夺资源的空间，同时也是一个复杂关系的网络，而这里的场域位置就是场域之中所要争夺的对象。该概念不仅体现布迪厄对社会结构的关注，更沿袭了他关系哲学的传统，是布迪厄思想后期重要的成果之一，与布迪厄其他重要概念关联起来形成了场域理论。

自主性(Autonomy)概念是理解场域概念的关键。场域具有相对的自主性，因为场域的位置是由场域中特有的资本类型的分布决定，而场域中的主体也会去适应该场域，发展出特定的惯习去参与场域中的竞争。自主性还有另一层含义，就是场域这一社会空间中的竞争是与更广阔的社会空间相互独立的，因为场域根据自身的逻辑来运转，并把场域的位置作为场域斗争所争夺的对象。如布迪厄学者梅顿所论述的："一个场域的自主性是通过它产生自己的价值观和成就标志来说明的，但这种自主性的相对性意味着这些价值观并不是塑造该场域的唯一因素；经济和政治力量也发挥了作

---

① WACQUANT L. Towards a reflexive sociology：A workshop with Pierre Bourdieu[J]. Sociology Theory, 1989, 7(1)：26-63.

用，尽管在每个领域都有特定的形式。"①换句话说，作为一个具有特定斗争的社会领域，每个场域都有其特有的历史。而场域中的主体在其中逐渐发展出实践的规则，场域也就从它所处的更大社会环境中渐渐独立出来。

想要建立并理解一个场域，必须先要去检验其历史，从而理解其自主性形成的过程。这里可以举布迪厄本人对艺术的研究为例。在艺术场域形成的过程中，布迪厄认为其场域自主性的确立是该场域出现的关键状态。艺术场域的相对自主性在于具有自身的纯粹艺术的逻辑。对于那些对艺术有着深入了解并表现出理想品质的同僚，场域中的画家们愿意给予其地位，前者正是一种成就标志。而对于场域之外的非艺术领域的人来说，评判标准不一定是艺术知识或能力而是其他的替代品，比如商业上的成功。也就是说，艺术这个社会空间发展出了属于自身的成就标志——艺术见解、艺术表现等，这样的成就标志就使得艺术场域与外界区分开来，获得自主性。当然，这种自主性也只是相对而言的，因为任何场域内的斗争都永远不能与外界社会完全独立。

场域与外界永远不能绝对的分离，但是场域可以抵御或者削弱来自外界的力量。一旦一个场域获得自主性从而建立起来，它就可以调节来自其他场域的影响。来自其他场域的影响并没有完全消解，但在一定程度上被抵消。用布迪厄的话说，场域就像一个"棱镜"②，根据该领域的特定逻辑，折射外界的影响。也就是说，外界的影响，诸如经济或政治权力，不能直接影响场域内部的实践。场域可以抵抗或者削弱这种力量，因为场域内部建立的逻辑与外界并不相同。因此，这两种来自场域内部和外部的力量，彼此动态地进行妥协。场域也就经历了一个"重新建构"③的过程。在艺术场域的案例中，场域调节这两种逻辑，即纯粹艺术的逻辑与商业逻辑。尽管和其他场域一样，艺术场域也经受来自外界的压力，例如可能会有压力去奖励那些具有商业价值的作品，但是场域会对这样的压力进行一定的消解，毕竟场域内部的纯粹艺术的逻辑在场域内占据主导，而这两种标准的存在，让艺术场域内部一直存在着紧张和斗争。

这种场域内部的紧张与斗争对布迪厄来讲至关重要。可以说布迪厄把社会世界概

---

① MATON, K. A question of autonomy: Bourdieu's field approach and higher education policy[J]. Journal of Education Policy, 2005, 20(6): 687-704.

② BOURDIEU, P. The field of cultural production: Essays on art and literature[M]. New York: Columbia University Press, 1993: 164.

③ BOURDIEU, P., & WACQUANT, L. J. D. An invitation to reflexive sociology[M]. Chicago: University of Chicago Press, 1992: 105.

念化为不同的场域，就是为了强调社会中的斗争其实是导向不同的利害关系。布迪厄这样强调这种场域中利害关系的重要性："一个场域……通过定义特定的利害关系和利益来定义自己（除其他事项外），这些利害关系和利益不可简化为其他场域特有的利害关系和利益……并且没有被塑造进入该场域的人无法感知。"①也就是说，关键的利害关系把场域与其他场域区分开来。举例来说，在哲学场域，关键利害关系可以是一种令人信服的哲学理论的发展，而在地理学场域，关键利害关系可以是对自然环境的深刻理解。布迪厄认为，我们只能根据不同场域在其环境中的特点来研究不同场域。例如，艺术是一个场域，因为艺术有其自身的规则，该规则可以扭转或者排斥物质利益。同样，经济领域创造了一个"生意就是生意"的世界，排除了友谊和爱情等其他关系。每个场域都基于自己的逻辑构成。因此，在研究一个场域的过程中，务必要探究出该场域的特定的利害关系及其逻辑。

　　而参与场域斗争并为场域特定利害关系与逻辑做出贡献的主体就是布迪厄所说的"代理人"，即上面提到的哲学家、艺术家等等，他们可以是个人，也可以是机构。一方面，这些代理人参与了争夺这一场域的斗争，另一方面，一个场域一旦形成并获得自主性，就不能再简化为它的组成部分，因此场域并不能被化约为其中的代理人，因为场域还包含这些代理人之间的关系。布迪厄使用了磁场的类比，它由诸如吸引力和排斥力等关系组成，而不是粒子本身②。同样，经济场域也不能化约为商人与消费者，而应该还包含他们之间的权力关系，如供求关系、竞争关系、合作关系等等；艺术场域不能化约为艺术家的总和，还应该包括艺术家之间相互认同与排斥、尊重与贬低的规则规范。因此，理解一个场域需要真正去了解其中的重要代理人及其错综复杂的关系。

　　而这些关系不仅是场域结构的基础，还把场域与资本这两个重要概念联系起来。如布迪厄解释的，"场域的结构是参与斗争的行动者或机构之间的权力关系状态，或者换句话说，是在以前的斗争过程中积累起来的特定资本的分配状态，它指导了之后的战略"③。这正是场域与资本概念之间的关系，布迪厄认为，场域内的斗争是关于

①　BOURDIEU, P. Sociology in question[M]. London：Sage, 1993：72.

②　BOURDIEU, P. WACQUANT, L. J. D. An invitation to reflexive sociology[M]. Chicago：University of Chicago Press, 1992：106.

③　BOURDIEU, P. Sociology in question[M]. London：Sage, 1993：73.

"合法暴力（特定权威）的垄断"，最终是"特定资本分配结构的保存或颠覆"①。布迪厄对合法暴力的强调将他的观点与卡尔·马克思的观点区分开来，因为马克思相对而言更强调经济资本。布迪厄认为，一个场域的利害关系可以是任何形式的资本，不仅是经济资本、社会资本等基本形式，还可以是一种象征形式。资本的象征形式或象征资本在其他资本形式的分配中起着决定性的作用。因此，一个场域的社会结构不仅是由"有"和"没有"决定的，还取决于什么可以算作"有"的背后的观念。所以说，一个场域的斗争不仅要获取尽可能多的资本，还在于哪种资本形式可以被当作是"黄金标准"②。

在这里，场域概念就与经典的经济学中的市场概念区别开来。一个场域中的关系不仅仅是交换，而且还暗示了一种统治和从属的等级秩序，这种秩序决定了谁制定规则和行使合法暴力。因此，一个场域与经典的市场概念并不相同，或者说至少有着不同的侧重点。经济市场中的主要关系是卖方和买方之间的交换关系，而布迪厄的场域概念则提出了一个关于权力的场域，其中资本的分配反映了一套等级森严的权力关系。代理人的行为不是依赖于买家的需求，而是与他们在层次结构中的位置更密切相关。这种结构、层级或权力关系对于理解一个领域都很重要。这里可以用教育投入来举例，如果一个家长为孩子请了一位小提琴教师来辅导，经典的市场经济角度关注的是交换行为，即家长用课时费交换了小提琴教师的劳动。但是如果放在布迪厄的场域中，所要关心的问题将更为广泛，例如小提琴教师的教学资格由谁来认定，家长如何找到这样的教师，谁来决定单位时间的教学该如何定价等等。场域概念因此更侧重于社会学意义上权力关系的分析，而非经济行为中的交换。

总之，场域概念是布迪厄理论体系中的重要议题，因而对场域的内涵及其特征需要给予足够的重视。其中对场域自主性的判定、对权力关系的强调，以及场域与资本概念的关系等等都成为理解这一概念的重要命题，也是下一章中研究分析所遵循的思路。

① BOURDIEU, P. Sociology in question[M]. London：Sage, 1993：73.

② MATON, K. A question of autonomy：Bourdieu's field approach and higher education policy[J]. Journal of Education Policy, 2005, 20(6)：687-704.

二、场域与权力场域

如上文所述，即使一个场域获得了相对自主性，它也绝非存在于真空中。例如教育场域不可避免地会受到社会政治经济制度的影响，艺术场域也不能全然按照自身的艺术规则运行。因此，研究一个场域，不仅需要对场域内部的权力关系、结构、成就标志等进行分析，还要理解场域之外那些重要的权力，以及这些权力对场域的塑造作用。唯其如此，才能理解场域中什么是有价值的、合法的以及场域所承载的期待。

布迪厄用"权力场域"的概念来解释这种场域与外界权力间的关系。布迪厄将权力场域定义为"在结构上由不同权力形式或不同资本形式之间的权力关系状态所决定的权力场域"[1]。权力场域影响了所有场域，用于解释不同场域在不同时间的变化价值。它既是"权力场域"，也是"游戏场所"[2]。权力场域的参与者持有不同形式的权力，并为确定不同形式权力的相对价值和大小而斗争。这些特征将权力场域与任何其他特定场域(如教育场域)区分开来。在教育场域，代理人为特定于该场域的利益而斗争，例如为了获得学历证书而学习；而在权力场域，拥有这些学历证书的代理人为场域的合法性或统治地位而斗争，例如颁发各类学历证书的机构会尽量使其证书效用最大化，比如力求增加就业市场上学历证书对聘用结果的决定性，而这个争取学历证书效用的效果取决于权力场域各方代理人斗争和妥协的结果，因而可以说是权力场域决定了学历证书的相对价值。

因而，权力场域是一个对具体的场域具有一定决定作用的"元领域"[3]，它组织了所有场域的原则和斗争，其斗争的要旨就是"超越不同形式的权力"或"合法化的合法原则"[4]。也就是说，权力场域的关键利害关系是权力行使的合法性。在这里，布迪厄强调权力之间的斗争，他认为没有权力满足于仅仅作为权力存在；它必须证明它的存在和它的形式，这样它的合法性才能被承认。而权力场域正是这些权力之间争夺合法

① BOURDIEU, P. The state nobility: Elite schools in the field of power[M]. Cambridge: Polity Press, 1996: 264.

② BOURDIEU, P. The state nobility: Elite schools in the field of power[M]. Cambridge: Polity Press, 1996: 264.

③ SWARTZ, D. Culture & power: The sociology of Pierre Bourdieu[M]. Chicago: University of Chicago Press, 1997: 136.

④ BOURDIEU, P. The state nobility: Elite schools in the field of power[M]. Cambridge: Polity Press, 1996: 265.

性的空间。用布迪厄的话来说，这种"凌驾于不同形式权力之上的权力"或"正当化的合法原则"是象征权力，是权力领域斗争的目标。权力场域的概念重申了权力斗争不仅是对物质资源的争夺，也是对象征资源的争夺①。这些为争夺象征性权力而进行的斗争之间的关系构成了权力场域。因此，在社会研究中，需要分析不同形式的资本之间的象征性斗争，并阐明它们如何争取合法性。

布迪厄还对权力场域的结构进行了更加详细的阐述，他认为权力场域的结构基于一种"交叉结构"②，该结构中是被两个等级原则——经济资本和文化资本的分配——共同组成。布迪厄通过对法国权力场域的研究得出结论：经济资本是其等级秩序中的主导原则，而文化资本次之。也就是说，经济权力和文化权力是权力场域中最主要的形式。权力场域由这两种形式的资本组成了交叉的坐标轴，该坐标轴具有两种极端形式，一种是主要为经济资本（财产、资产、财产所有权、高收入），但很少有文化资本；另一种是代理人拥有丰富的文化资本（通过拥有教育学历证书来衡量），但缺乏经济资本③。学者汤姆森把布迪厄的权力场域结构进行了可视化，如图 2-1④，在该图中，权力场域被表示为一个二维的直角坐标轴，其中经济资本为一个轴（在该图中为纵轴，y 轴），文化资本为另一轴（在该图中为横轴，x 轴）。一个具体的场域，如艺术场域、教育场域，可以在这个权力场域中找到其位置并绘制出来。

定义一个场域在权力场域中的相对位置是布迪厄社会学的中心目标。布迪厄提出，每个场域都是根据"与其自身（权力场域）相对应的结构"⑤来组织的。也就是说，为了解析一个场域，就一定要理解它与权力场域的关系。在权力场域的影响之下，各个场域也按照两种主要的权力形式——经济权力和文化权力——进行排列。由于在不

① SWARTZ, D. Culture & power: The sociology of Pierre Bourdieu[M]. Chicago: University of Chicago Press, 1997.

② BOURDIEU, P. The state nobility: Elite schools in the field of power[M]. Cambridge: Polity Press, 1996: 270.

③ WACQUANT, L. From ruling class to field of power: An interview with Pierre Bourdieu on La Noblesse d'Etat [J]. Theory, Culture & Society, 1993, 10(3): 19-44.

④ THOMSON, P. FIELD. IN M. J. Grenfell (Ed.), Pierre Bourdieu: Key concepts[M]. London: Routledge, 2014: 69.

⑤ BOURDIEU, P. The state nobility: Elite schools in the field of power[M]. Cambridge: Polity Press, 1996: 270.

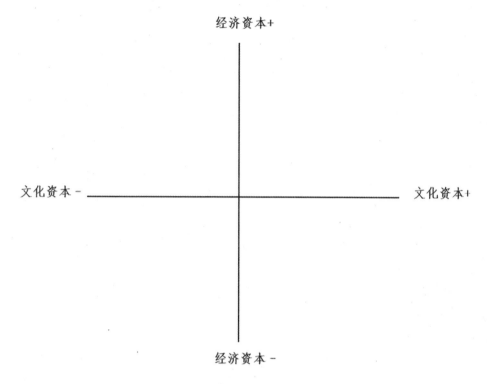

图 2-1　权力场域的结构

同场域中，经济资本的分布与文化资本的分布呈反比关系[①]，这些结构的同源性意味着一个场域"能够重现一个结构，即一个差异和距离的系统"[②]。也就是说，在任何场域，权力的两种主要形式——经济资本和文化资本——解释了主要的结构、等级和区别。

因此，在构建场域结构时，需要考虑经济资本和文化资本构成的交叉结构。布迪厄在其著作《区隔》中勾画了社会空间的示意图。为了更清晰地展示结构，作者这里将原图中的具体繁多的代理人暂时省去，从而得到简化图如图 2-2[③] 所示。该图可以视为对图 2-1 的发展与延伸。图的主体也由一个二维的横纵坐标轴构成，而每个维度都是对经济资本和文化资本的运算结果。首先，因为代理人持有的资本数量是衡量其在

① WACQUANT, L. On the tracks of symbolic power: Prefatory notes to Bourdieu´s ´State Nobility´[J]. Theory, Culture & Society, 1993, 10(3): 1-17.

② WACQUANT, L. From ruling class to field of power: An interview with Pierre Bourdieu on La Noblesse d´Etat [J]. Theory, Culture & Society, 1993, 10(3): 19-44.

③ BOURDIEU, P. Distinction: A social critique of the judgement of taste[M]. Cambridge, Mass.: Harvard University Press, 1984: 116-123.

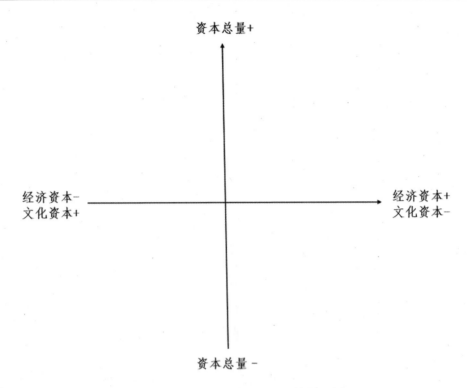

图 2-2　场域结构(从布迪厄原图简化而来)

场域中位置的重要指标,所以该图中纵向坐标轴代表资本的总量,即经济资本和文化资本的总和。其次,场域中的冲突往往来源于代理人所持有的经济资本与文化资本的结构上的差异,因而图中横向坐标轴表示经济资本与文化资本的比例,用这个比例来表示代理人所持有的资本的结构。在此图的基础上,本书将衍生出所研究的教育场域的结构图,用来将研究对象可视化,具体的分析将在第三章呈现。

　　总而言之,权力场域是理解社会空间中每一个具体场域的基点。如布迪厄所论述的:"场域受制于(外部)压力,并包含张力,从某种意义上说,这种张力的作用是为了将身体的组成部分分开、分离"①。权力场域不仅对所有场域具有形塑的影响,还提供了一个同源的结构用于分析后者。本书所要分析的教育场域与其他场域一样,都坐落在这样的权力场域之中。因而对教育场域的探究不能不对其所在的权力场域进行辨析,明确那些最重要的权力,并考察这些权力对教育场域的影响。

---

① BOURDIEU, P. Science of science and reflexivity[M]. Chicago:University of Chicago Press, 2004:47.

第二节　本书研究方法框架的第一步的应用

在具体讨论与解释了布迪厄的场域概念、权力场域概念之后，本节转向更为具体的研究方法层面。目的是论述本书如何对研究方法的第一步进行具体化和操作化的，在此过程中不仅论述具体采用的方法，也呈现了做出这些决策的具体原因。

在本书的研究中，首先要把布迪厄方法框架中的第一步进行转化，用于分析家庭教育投入所处的场域，以及该场域与权力场域之间的关系。对应布迪厄方法中第一步骤，本书提出第一个研究问题：中国的家庭教育投入处在怎样的场域之中，而这个场域又有哪些来自外部的期待与压力？在回答这个问题的过程中，重点去勾勒家庭教育投入所在场域的特征并对其定位。

首先，本书的首要任务是通过定义场域来设定研究的半径。换言之，本书所关注的家庭教育投入，需要放在一个场域的框架中进行讨论，那么这个场域究竟为何就需要进行讨论。如前所述，应该在不同的层次上理解场域概念。一个场域至少可以从两个角度来理解：从内部来看，它是一个社会地位和权力关系的结构化系统；在外部来看，它也被用来区分社会在不同领域的生活。在这里强调，布迪厄使用场域的概念作为隐喻来解释社会空间，而不是物理空间。因而，在接下来的第三章中，将首先建立或者说定义一个场域，以便设置本书的研究问题的边界。换句话说，这部分是回答"家庭教育投入研究究竟处于怎样的场域之中"这一研究问题，从而确定该研究问题在更广阔的社会空间中的位置。这部分就包括对场域具体的特征的分析，包括场域的形成、场域中的关键利害关系、场域的结构、场域中重要的代理人等等。

其次，研究需要了解这个场域在权力领域中的位置。和场域概念类似，权力场域也是一个隐喻，而不是一个实体。它指的是影响所有社会场域的主导力量。权力场域由产生和强加一种合法世界观的象征性斗争构成。因此，要考察中国教育场域的地位，就需要理解不同权力之间的象征性斗争。在下一章中将解释中国这些不同的权力及其对教育场域的影响，例如中国的经济发展对于教育的影响，以及文化的发展对于教育期待上的影响等等。识别这些权力之间的相对关系，使本书能够建立一个对中国教育具有重要意义的权力场域。这一步，就把所要研究的教育场域放在了中国发展的具体历史文化背景中了。

最后，本书选择了一个中国教育场域的真实案例，通过实证调查的方式对该案例进行解析与分析。由于了解一个场域需要了解该场域内部的紧张局势以及该场域如何应对来自外部的压力，因此本书选择了一个案例来阐明家庭教育投入在教育领域中的作用，下一章将对该案例的具体情况进行说明，并论述该案例研究在回答本书的研究问题中的优势与不足。

第三节　小结

综上所述，本章对布迪厄研究方法框架的第一步进行了理论和方法上的说明。布迪厄的场域概念不仅使研究者能够将研究问题定位在一个特定的社会空间中，也能够识别出与家庭教育投入相关的关键利害关系和权力关系。本书研究的第一个分析步骤是建立一个特定的场域，并了解其与权力场域的关系。这使研究从分析思考与家庭教育投入相关的最重要的权力关系开始，并确定家庭教育投入背后的利害关系或利益。在本书的研究中建立了两个层次的场域——教育场域和权力场域，并运用这些概念来分析教育场域中的家庭教育投入。下一章将详细阐述这一分析。

第三章：教育场域的特点与位置

　　家庭教育投入问题需要放在中国教育的历史和社会政治背景中去理解。本章运用布迪厄的理论，特别是场域的概念来理解家庭教育投入。在这里回答的关键问题是：中国的家庭教育投入处在怎样的场域之中，而这个场域又有哪些来自外部的期待与压力？

　　场域概念在这里十分重要，它不仅能够确定实践中代理人为之竞争的核心利益，还指明社会位置对代理人实践的影响。本章的核心在于论证：中国的教育可以被看作是一个场域。在它的历史演变中，发展了它的关键利害关系——学业表现和考试成绩——并以教育资格作为成就的象征性标志。而分析处于其中的家庭教育投入问题就需要从场域的这些关键特质入手。教育场域一方面具有相对的自主权，另一方面也面临着外部压力。影响教育场域最重要的力量是经济资本和文化资本带来的。通过对权力场域的分析，本章解释了这些重要的压力和期望。这些场域内部的紧张和外部力量提供了分析家庭教育投入的重要背景和视角。

　　本章首先阐述了中国教育场域的形成与演变，并确定了其形成过程中的重要阶段。这一讨论建立了理解家庭教育投入的历史背景。接下来的重点为讨论教育场域与权力场域之间的关系。该分析致力于更好地理解权力系统，从而解释其与教育场域的关系。最后，将中国的教育场域缩小到一个案例。笔者解释了为什么需要一个案例来解决研究问题，并使用家庭教育投入的案例来确定该场域的紧张与压力。通过这一步骤分析，得到对该场域的深入理解，并明确了家庭教育投入在其中的重要角色。

第一节 教育场域的形成与演变

首先这里将讨论中国教育场域的形成。本书认为中国的教育场域是不断建构而成的，其中至少有几个关键阶段。在经历了几个阶段的演变过程后，中国的教育场域已经具有了一定自主性，因而这一独特的社会空间可以看作是布迪厄意义上的场域。由于并没有一个特别的时刻标记着该场域的建立，这里从一开始就使用场域这一概念来保持行文的一致性。中国教育场域的形成与演变为理解场域中的所有现象和问题提供了新的思路。

一、科举明确了场域的关键利害关系

科举是中国用于选拔国家机构行政人员候选人的考试制度。科举最初的初衷是设置不同的科目来选拔人才，而现在通常用来指考试制度。科举制度从隋朝（公元605年）开始①，直到1905年废除，这种国家考试制度历经一千二百余年，可以视为教育场域发展的里程碑。从科举中可以看到教育场域的原型，因为科举制度本身就含有场域的特征。

如果从社会学的视角去分析，科举其实强调了教育场域中与资源分配相关的权力关系。科举制度提供了一种名义上的教育公平。因为任何受过教育的人，无论其社会地位如何，都有机会通过科举考试成为国家机构的官员。换句话说，从形式上看，科举提供了公平的教育机会。在科举之前的察举制中，官员的选用主要依据人们的道德品行，而科举开创了以考试为基础的选拔制度。② 这些考试以儒家经典教义为基础，想要在这些考试中取得成功，依赖的是基于理解、背诵、解释和应用儒家思想的才干与能力。③

因此，科举在形式上强调文化资本的重要性，这种文化资本可以理解为人们通过学习儒家经典教义而培养出的能力。此外，科举考试的结果具有象征意义，因为它反

---

① 刘海峰. 科举制的起源与进士科的起始[J]. 历史研究，2000(06)：3-16，190.
② 孙培青. 中国教育史[M]. 上海：华东师范大学出版社，2019：162.
③ 干春松. 制度化儒家及其解体[M]. 北京：中国人民大学出版社，2003.

映了机会平等和公平竞争的精神。① 有学者研究表明，科举制度强调公平性，这既体现在考试内容上②，也体现在考试政策上③。从布迪厄的角度看来，这些力争公平竞争的尝试把科举制度与其他选人制度区分开来：如果说之前的制度是更依赖美德和社会地位来选用人才，那么科举开创了依赖考试表现来评判、选拔人才的先河，也因此被认为是现代教育考试制度的前身。④ 科举在这样的意义上建立了一个特别的社会空间，个人的才能、努力和对专业知识的掌握是该空间中的重要成就标志，能够让拥有者在竞争中取得成功。

此外，科举制度中人们所要努力斗争的目标在于更高的社会地位。由于科举为不同社会背景的人提供职位机会，因而打破了特权阶级的垄断。⑤ 具体来说，科举在统治阶级和大众之间创造并合法化了一个特殊的社会群体——士绅，其中包括士和绅。⑥ 在科举时代，由于士绅人口增大，已经逐渐成为一个独特的社会阶层。⑦ 科举制度的结果是创造了一个中间阶层，科举服务于统治阶级，不损害他们的地位，但也同时给予地位较低的人一些改变身份的机会。科举一方面维持了精英阶层对社会等级的满意度，另一方面也给了来自下层社会的潜在精英以希望。⑧ 这其中，关键就在于社会地位的改变。而科举作为象征性的规则，扮演了改变社会结构的角色。

然而，尽管科举形式上提供了一种相对公平的规则，但现有的研究证明，从家庭继承的资本实际上依旧很重要。科举的考试内容为儒家经典教义，这就决定了只有特定人群能够通过考试获得机会，大多数打算参加科举的人都是由私人或机构进行教育，如私立学校、书院、慈善组织或家庭私人教师等。⑨ 这些私人形式的教育都需要相当大的经济资本，因此并非所有人都能够获得。换句话说，尽管竞争的规则是独立存在的，但是事实上科举通常只对那些已经拥有经济资本的人开放。此外，考试内容

---

① 徐萍. 科举考试的公正追求及其悖反——制度伦理的视角[J]. 教育与考试, 2010(01)：34-40.

② 刘清华. 权力视野下的科举公平观与科学观[J]. 考试研究, 2014(01)：78-84.

③ 刘海峰. 科举取才中的南北地域之争[J]. 中国历史地理论丛, 1997(1)：153-167.

④ 刘海峰. 科举学的教育视角[J]. 理论月刊, 2009(05)：5-9.

⑤ 韩昇. 科举制与唐代社会阶层的变迁[J]. 厦门大学学报(哲学社会科学版), 1999(04)：24-26.

⑥ FEI, X. China's gentry：Essays on rural-urban relations[M]. Chicago：University of Chicago Press, 1980.

⑦ 孙立平. 科举制：一种精英再生产的机制[J]. 战略与管理, 1996(05)：38-45.

⑧ 何怀宏. 选举社会[M]. 北京：北京大学出版社, 2011.

⑨ ELMAN, B. A. A cultural history of civil examinations in late imperial China[M]. Berkeley：University of California Press, 2000.

以文言的权威书籍为基础，而文言文的学习也需要多年的强化辅导。[1] 考试的严格要求使显赫的家庭能够利用他们的经济和文化优势来帮助后代变得出色，而不那么富裕的家庭则机会较少。[2] 也有研究表明，由于士绅和商人能够将他们的经济和社会权力转化为文化和教育优势，科举并没有导致太多的社会流动性，而是促进了精英的再生产。[3] 虽然科举发起了一种实现公平的象征性的尝试，但在实践中，它似乎实际上再现了社会地位。

综上所述，人们参加科举以获得社会地位。从形式上看，科举与家庭的社会地位是分离的，但仔细观察就会发现事实并非完全如此。科举考试开创了一种根据文化资本选拔人才的规则，强调了教育之重要，把教育作为人们为之奋斗从而获得关键利益的途径。从社会学的角度看待科举，它一方面重视文化资本，为文化资本换取社会地位提供了途径，因而可以看作是教育场域出现的雏形；另一方面，由于继承的家族资本的间接作用，机会平等和社会流动性的主张没有如科举设计中那样完全实现，所以这里教育场域并没有完全获得自主性的特征。

二、现代考试制度建立场域的成就标志

科举制度的重要贡献在于建立了教育场域的重要利害关系，而实际上场域中的成就标志直到现代的教育体系建立才得以逐步确立。在现代教育体系中，国家通过提供包含各级各类教育体系，成为教育场域中重要的代理人之一。而其中最重要的变化在于场域中的重要利害关系被制度化。国家组织考试分流各级各类教育，另一结果是场域的成就标志的形成，即学历证书，这种场域成就标志一旦形成，就进一步强化了场域特征，并与其他场域区分开来。

我国现代学制的建立要追溯到1902年的壬寅学制，该学制是我国教育史上正式颁布但未实行的第一个学制。1904年颁布的癸卯学制在颁布后于全国范围内实行。自此，开始建立了不同等级和类别的不同的现代意义的学校，并且面对公众开放。[4] 自

① 魏斐德. 中华帝国的衰落[M]. 北京：民主与建设出版社，2017.
② 钱茂伟. 明代的家族文化积累与科举中式率[J]. 社会科学，2011(06)：142-150.
③ ELMAN, B. A. Classicism, politics, and kinship：The Ch'ang-Chou school of new text Confucianism in late imperial China[M]. Berkeley：University of California Press，1990.
④ 孙培青. 中国教育史[M]. 上海：华东师范大学出版社，2019：343-344.

此，中国的教育场域也逐渐趋于制度化和正规化。在这个逐步制度化的过程中，场域内的利害关系和成就标志都逐渐建立和成熟。如今，我国现行的学制是从单轨学制发展而来的分支型学制，由初等教育、中等教育、高等教育组成。其中初等教育的六年（1到6年级）和中等教育的前三年（7到9年级）为义务教育阶段，已经写进《中华人民共和国义务教育法》，以成文法律的形式保障义务教育的实施。义务教育为所有学龄儿童提供普及教育，具有强制性、普及型和免费性。由于义务教育阶段的教育面向全体适龄儿童，因而并不具有排他性。有研究表明，义务教育在中国提高了大约0.8年的学校教育的整体教育程度。[1]

在现行教育制度中，义务教育阶段结束后的非义务教育阶段呈现更多的分流和筛选性质。在非义务教育中，出现普通高中教育和职业教育的分流，而普通高中教育之后会再次出现普通高等教育与高等职业教育的分流。由于义务教育之后出现分流，并且国家不再统一支付教育费用，因而教育的筛选性体现出来，而筛选的标准在于学生的学业水平[2]。只有通过学业考试的学生才能进入下一阶段的教育。因此，在场域中的紧张持续存在，谁能继续保留在场域之内，并在竞争中保有优势，谁就能获得更高的教育水平。而和很多其他国家现代学制一样，国家通过授予学历证书使学业成就固定下来，完成了制度化。

中考与高考在我国的教育场域中扮演了重要的角色。中考是义务教育结束后的考试，中考的成绩决定学生的分流结果，成绩优异者才可以继续留在学术教育体系中的普通高中读书，而通常成绩不佳者进入职业教育体系的中等职业院校读书，还有部分学生在中考结束后直接进入工作场所，即离开教育场域。而那些进入学术教育体系的学生，会在高考结束后出现进一步的分流。高考是普通高等学校的入学考试，其结果用来把学生分流到学术教育体系中的普通高等学校、职业体系的职业院校以及工作场所。可见，我国的中考和高考是决定学生教育场域内资格和位置的决定性因素。以2021年的最新数据为例，2022年出版的《中国社会统计年鉴》数据显示，2021年初中毕业的1587.1万人当中，进入普通高中和中等职业教育的学生数量分别为905万人

[1] FANG, H., RIZZO, J. A., ROZELLE, S., & ZECKHAUSER. R. J. The return to education in China: Evidence from the 1986 compulsory education raw[J]. NBER Working Paper, 2012, 18189.

[2] YUEYUN, ZHANG, YU, et al. Family Background, Private Tutoring, and Children's Educational Performance in Contemporary China[J]. Chinese Sociological Review, 2016.

（57.02%）和 489 万人（30.81%），其余 193.1 万人（12.17%）进入就业市场。由数据可见，该教育体系具有高度的分流特征。中考的结果把略超过一半的学生保留在学术教育体系，其余的学生进入职业教育体系或者就业市场。在该教育场域中，考试结果是决定场域位置的关键，因为该结果能够将学生分配到不同的场域位置。具体来讲，根据考试结果划分出下一阶段的教育途径。那些最早进入就业市场的人，因为在教育场域的时间较短，在该场域获得的收益也最少。当然，这些过早离开教育场域的人有可能在其他的场域收获颇丰，但后面的结果并不在本书的讨论范围。与此相对，那些留下来继续接受教育的人能够留在教育场域并有机会获得更高的教育成就。

　　教育体系的分流特征在整体上具有积极的意义，分流使学生按照学业成绩被分成不同类型。我国的学术教育与职业教育体系，旨在按照学生不同的能力特征，分流到不同的教育体系中。事实上，两种类型的教育都为我国输送了不同类型的多样化人才。从理论上讲，学术教育轨道与职业教育轨道并无优劣之分，只是在实践中，人们更多地倾向于进入学术轨道。职业教育在中国发端较晚，成立于 1985 年，被一些公众认为是次一等的教育形式。[1] 并且职业教育的学生和家长也往往有一种"相对剥夺"的感觉[2]，并且职业教育毕业生的工资待遇也往往低于学术教育轨道的毕业生。[3] 特别是在1990 年我国高等教育扩张之后，职业教育的回报有所下降。[4]

　　从布迪厄的角度来看，在这种分流体制中存在着竞争与紧张。由于学术教育相比职业教育在学历和就业方面都较有优势，因而在教育场域占据主导地位。这也意味着，想要进入学术教育体系，需要更好的学业表现和更高的考试成绩。从另一个角度，学术教育也赋予处于其中的人更多的优势。由于教育扩张，更多人在教育系统中停留更长的时间，这两个系统之间的区别也就更加明显。因此，与科举相似，高考和中考都将考试成绩作为在该场域取得成就的标志。而与科举不同的是，高考和中考之后在不同教育场域赋予的学历证书，赋予了毕业人群新的竞争性的优势。因此。学历证书是

① 王健，丁秀涛. 对高等职业教育入学制度改革的再思考[J]. 中国高教研究，2012(08)：97-100.

② 刘勇，李晓森. 相对剥夺视角下我国职业教育发展的思考[J]. 重庆工商大学学报（社会科学版），2017，34(02)：117-122.

③ 曾嘉. 教育质量不平等对居民收入差距的影响：以中等教育为例[J]. 华南师范大学学报（社会科学版），2016(04)：62-68.

④ 陈伟，乌尼日其其格. 职业教育与普通高中教育收入回报之差异[J]. 社会，2016，36(02)：167-190.

教育场域内文化资本的重要形式，它不仅标志着持有者在之前的学术竞争中具有优势，还为之后教育场域中持续进行的竞争与分流提供资源。

我国的中考与高考强调竞争的公平性，这样的制度为教育场域的边界设定提供了有力的支持。中考和高考改革对公平竞争的重点强调，为实现我国教育公平做出了卓越的贡献。[①] 同时，中考和高考的改革也强调考试与课程的一致性[②]，这使得考试结果紧密贴合全国统一的课程标准，而非其他教育之外的因素。换言之，中考与高考使用的是相对独立的教育场域的标准。如果说布迪厄把他分析过的法国艺术场域的规则概括为"纯粹艺术"，那么我国教育场域的竞争标准可以概括为"纯粹教育"。所谓纯粹的教育标准，是说中考与高考的结果只考虑学生的学业成绩，把学业成绩作为衡量教育结果的标志。至于其他的因素，诸如个人的美德、外貌、家庭背景等，并不纳入分数评判体系。在这里强调的并非这些考试完全达到了公平的目标，而是教育场域通过这种考试标准的设立，以及对教育公平性的强调与不断改进，明显地提高了教育场域的相对自主性。教育场域拥有属于自己的规则，把处于其中的人们按照教育成就分配到不同的位置。这种标准的设立让教育场域特殊形式的文化资本得到进一步重视，让人们看到教育场域中核心的利害关系。而一旦这样的标准与规则建立起来，场域就相对地不容易被外界操纵。

而教育场域的学历证书——一种被布迪厄称为制度化形式的文化资本——是由国家提供的。这些学历证书在中国劳动力市场具有显著的经济价值。[③] 在就业市场，更高学历的教育更具有竞争优势，而同等学历中被国家认可的更高水平的院校毕业生也能相应的更有竞争力。这就使得教育场域与其他场域建立了联系。这种教育资格作为该场域的成就标志，限制了其他场域对成就标志的影响。这一点将在后面权力场域的探讨中进一步展开。

综上所述，由于教育场域已经建立了自己的招收、筛选和奖励参与者的制度规则，因此具备了自己的规则和标准。学业表现和考试成绩是在该场域取得成就的标志，而教育资格或者学历证书则象征着人们对这些利益的获得。因此，学生们在教育场域被

① 庞君芳. 高考公平的内涵、价值与实践向度[J]. 课程·教材·教法, 2017, 37(04)：49-54.

② 冯成火. 高考新政下高中课改的评价、问题与策略——基于浙江省的实践与探索[J]. 教育研究, 2017, 38(02)：123-131.

③ 张青根, 沈红. "一纸文凭"究竟价值几许？——基于中国家庭追踪调查数据的实证分析[J]. 教育发展研究, 2016, 36(03)：26-35.

分配到不同位置，主要是由一个学术标准——考试成绩——来决定的。这一标准不仅具体，而且在该场域具有主导地位，而相比之下其他原则，如美德、外貌或家庭背景，则不具有决定性作用。通过这些特点，中国的教育场域逐渐与外界建立了界限。

第二节　教育场域在权力场域中的位置

上一节对教育场域的建立与特征进行了详尽论述，这一节则重点分析那些来自教育场域外部的压力。如第二章所论述，任何场域都应该建立起与权力场域的联系，放在权力场域之中去理解场域所受到的外部要求与压力。因而，本节将教育场域与其社会政治环境联系起来，旨在理解当代社会对中国教育场域的期待以及那些塑造教育场域的重要力量。

布迪厄认为经济资本和文化资本是法国最重要的资本形式，并认为这也适用于任何其他场域。即便如此，本书研究中仍旧谨慎地检验该模型在中国的适切性，根据当代中国在时间与空间上的特殊性来进行调整。笔者仔细考察了当代中国的权力场域，认为经济资本和文化资本对中国的教育场域正如同布迪厄所说的那样至关重要，并在影响场域中的紧张关系方面发挥了主导作用。本节将解释这一权力场域及其对教育场域的影响。虽然不同的力量共同塑造了教育场域，但出于论证的逻辑顺序，这里将它们依次分开讨论。

一、文化资本与教育

对教育场域影响最大的当属文化资本。文化资本对教育场域的影响主要体现在两个方面，首先是国家出于发展科学技术的要求而提出的科教兴国战略，其次是教育学历对就业市场的指向作用。这两种因素都对教育场域内的实践至关重要。

自改革开放以来，国家政府越来越重视文化资本在经济发展及现代化中的作用。特别强调教育和科学技术的发展，并在 1985 年、1993 年和 2010 年的三次主要教育改革中有明显体现。换言之，与教育相关的重要改革，很大程度上受到权力场域中对文化资本的期望。1985 年的教育改革是 20 世纪 70 年代以来教育场域的第一次变革。这项改革旨在提高民族素质，培养更多更好的人才。这种提高全民族素养的目标体现了权力场域中对文化资本的高度关注。1993 年的教育改革是对 1992 年扩大经济改革的回应，强调教育要为社会主义现代化建设服务，为人民服务，与生产劳动相结合，满足为社会主义事业培养德智体全面发展的建设者和接班人的需要。这次改革从实现社会主义现代化的需求出发，提出对文化资本的期待，包括德智体全面发展等，可以说是文化资本的与时俱进的体现形式。2010 年最新的教育改革是为了响应 1995 年国家提出的"科教兴国战略"和 2002 年提出的"人才强国战略"。这两项战略都期望教育场域能够生产重要的文化资本，特别是能够为科学和技术场域提供人才。历次教育改革都是立足国家发展的需求，对教育应该培养什么样的人提出了具体的需求，也对教育场域应该生产怎样的文化资本提出需求。

除了国家对于大力发展教育的需求之外，教育对于家庭来讲也同时承载着重要的期待。学历作为一种制度化的文化资本，能够让子女在社会上立足，获得较好的工作及社会地位。教育投资在劳动力市场具有较高的回报[1]。学历使人们能够以更高的工资和福利的形式得到"回报"[2]。因此，获得更高更好的教育学历已经成为权力、财富和社会进步的途径。高学历人才尤其与新的专业技能和管理岗位相关，其中包括新的商人、大学教授、政府技术人员、私人企业家、律师、外企白领以及其他具有技术专长和管理才能的人[3]。随着我国全民教育水平的不断升高以及高等教育的普及，这些因为受过良好教育而获得职位的人成为很大的群体，有时也被称为新中产阶级[4]。他们的典型特征是受益于良好教育，能够用教育资格证书所证实的文化资本在劳动力市场获得高回报。换句话说，这些相对有利的社会地位与文化资本的积累直接相关，这就为广大的普通家庭创造了一条实现向上流动的途径。

二、经济资本与教育

除了文化资本之外，经济资本也对于教育场域影响深远，主要体现在教育经费的

---

① 沈红，张青根. 劳动力市场分割与家庭资本交互作用中的文凭效应[J]. 教育研究，2015，36(08)：22-32.

② 范皑皑，丁小浩. 谁的文凭贬值了——分割的劳动力市场视角下的过度教育问题研究[J]. 教育发展研究，2013，33(17)：7-14.

③ GOODMAN, D. The People's Republic of China：The party-state, capitalist revolution and new entrepreneurs [M]∥ In R. Robison & D. Goodman (Eds.), The new rich in Asia：Mobile phones, McDonalds and middle -class revolution. New York：Routledge, 1996：1-18.

④ LI, C. Characterizing China's middle class：Heterogeneous composition and multiple identities[M]∥ In C. Li (Ed.), China's emerging middle class. Beyond economic transformation. Washington DC：Brooking Institution Press, 2010.

投入方面。一般来说，教育经费是指中央和地方财政预算中实际用于教育的费用，包括教育事业费和教育基本建设投资。在国家大力发展教育的大背景下，国家政府作为教育投入的主要主体，其投入仍不能满足教育发展的需求，一定程度上还存在公立学校教师工资低的主要问题①，国家对教育的投入有限，特别是在欠发达地区②。而民办教育逐渐出现在教育场域，扮演了重要角色。民办教育提供了除国家以外的经济资本进入教育场域的机制，逐渐成为我国教育体系中重要的组成部分，缓解了教育经费不足。

民办教育自 1978 年改革开放以来一直存在，从 1992 年开始，为了扩大经济改革，便鼓励民间资本涉足教育场域。民办教育提供了不同形式的差异化教育服务，以满足不同社会群体的教育需求，因而增加了教育实践的多样性。③ 2013 年修订的《中华人民共和国民办教育促进法》标志着民办教育的地位被提升，现在直接受到教育部监管，在教育场域中的作用被合法化。

从布迪厄的视角看来，这些较新的代理人增加了经济资本对教育的影响，增加了场域竞争的复杂性。从家庭教育投入的角度，在进行正规的学历教育之余，家长也有了更多的教育选择。而这些经济资本在场域内的合法化也为场域内的实践带来了更多的复杂性。

因此，可以解释为什么教育场域被家庭赋予高期待。国家对于提高教育的整体水平已经做出重要贡献。国家提供普惠性的九年义务教育。1986 年首次颁布的《中华人民共和国义务教育法》，旨在为每个学龄儿童提供九年义务教育。2006 年修订后，特别强调教育公平。不仅强制实行免费的义务教育，还禁止设立重点校和重点班，并引入"地方招生政策"。可见，从国家教育政策来看，学历教育的机会是追求教育场域利害关系的核心，并且国家从制度层面着重保护这种核心利害关系的竞争趋近于公平。

在国家提供的广泛而接近平等的义务教育之外，我国的家庭也在同时继续进行其自主的教育投入，以便获得差异化的更多的文化资本。对文化资本的高期待能够解释这种自主投入的趋势的形成，即对文化资本的高期望让人们在追求差异的过程中寻求更多更好的教育。例如家长可以选择民办教育的方式进行择校，或者购买其他的教育

---

① 樊彩萍. 我国教师工资的统计分析与政策建议[J]. 教育发展研究，2010，30(21)：22-25.
② 方建锋. 我国教育经费使用现状及对策思考[J]. 教育理论与实践，2013，33(31)：29-32.
③ 方芳，钟秉林. 我国民办教育培训行业发展现状与对策[J]. 中国教育学刊，2014(05)：1-5.

产品或服务，用来使家庭中的子女在教育方面获得优势。尽管在学历教育中的公办教育尽可能实现教育机会均等和教育公平，但由于文化资本被认为可以提高社会地位，所以家庭愿意为获得更高质量的教育支付额外的费用。

综上所述，由于文化资本对于教育场域如此重要，以至于家庭愿意对其进行各方面的投入，以求获得更多的竞争优势。尽管国家已经为教育机会均等做出了重要贡献，但对于文化资本的追逐，注定了教育场域竞争的激烈。这再次证明，权力场域中的重要文化资本可以对该场域内的实践施加压力。因而，家庭教育投入在此背景之下，是对外界文化权力压力的一种回应。

这部分对权力场域的分析旨在揭示那些来自教育场域外部的压力和影响。由分析可见，文化资本、经济资本在我国的权力场域中都很重要。对于教育场域，文化资本对教育场域施加压力，因为人们需要文化资本来获得社会地位，而政府也在努力提高义务教育的普及与质量，以便满足人们增长的受教育的需求。而经济资本对场域结构的塑造作用已被合法化，多样化的民办教育为经济资本影响场域提供了途径。因而家庭会寻求额外的教育机会。这些分析都表明，教育场域内位于主导地位的两种权力类型仍旧是文化资本和经济资本，这与权力场域在结构上是同源的。这些外部的压力和期待有助于理解教育场域的演变。

第三节　J市作为场域案例

本章前两节已经建立了中国的教育场域并分析了其重要的特点。通过梳理场域本身发展的历史，以及场域所受到的外部压力的双重视角，把中国教育场域内在紧张关系与外部环境分别进行了剖析。这一节将解释为何本书研究要采用一个案例的形式来理解场域，以及介绍这个案例的具体背景信息。

一、案例选择原因及J市基本情况

本书旨在探究家庭教育投入的综合原因与影响。目前为止已经基本完成场域建立这第一步骤。而重要的挑战在于探究场域内部是如何围绕重要的利益进行博弈的。尽管这些理论上的分析具有普遍意义，但是为了获得本书所要探明的场域中一些具体的影响要素，有必要用一个真实的案例，来提供场域内部真实的现状，并把场域这一抽象的概念进行具象化，包括场域内的重要代理人，具体的家庭类型，与家庭教育投入的具体案例等等。这些关于场域、资本和惯习的分析都离不开具体案例的帮助。

我国的各类型城市之间存在巨大差异，因而没有任何城市能够"代表"中国场域。本书的研究选择 J 市作为实证研究案例，是将其看作教育场域的一个缩影。这是因为它能提够满足本书研究所需要的条件，为回答研究问题提供帮助。因此 J 市可以看作一个理论样本，是基于本书研究所使用的布迪厄的研究理论而确定的，能够阐释理论并深化对研究问题的理解。

J 市是一个以化工产业为中心的现代工业城市。以工业、新兴工业、旅游业为主要产业。J 市为地级市，下辖 4 个市区、1 个县，代管 4 个县级市。截至 2021 年，户籍人口超过 400 万人，其中城镇人口超过 200 万人。在经济发展、人口数量等方面基本处于国内城市的中等水平。城市的产业结构比较多样，家庭类型较为多元。J 市的这些特征表明了权力场域的适当复杂性。由于其经济体量较为适中，在经济增长的过程中，市民的收入结构和收入水平具有多样性。另外，文化资本的影响也很明显，对教育需求和回报的期待基本反映整体情况。

J 市的教育资源也呈现一定的丰富程度和竞争性。在基础教育阶段，公立学校占绝大多数，但也有少数私立学校。学校办学水平不尽相同，几所曾经的重点校办学条件好，教师素质普遍较高，有名师称号的教师较多，教育理念先进，在升学率方面比肩一线城市的学校。此外也有曾经的非重点校，办学条件中的软硬件相对一般。同时 J 市有不同类型的中等职业学校，含职高、成人中专、中等职业技术学校、进修学校等。在高等教育阶段，全市拥有数所本科院校及专科院校。从学历教育的角度，J 市的教育场域有一定程度的竞争性，学生需要通过更好的学习成绩来竞争更好的教育机会。但是教育资源并非极端稀缺或者极端富裕。

针对家庭教育投入的其他标的，J 市也具有较为丰富的选择。J 市拥有各个类型的民办教育机构，提供形态不一的教育服务。J 市还有图书馆、书店、博物馆、展览馆等文化设施，以及一些商业化的售卖教辅教学用品、电子产品、益智玩具等的店铺。教育的类型和种类上不如北京、上海等一线城市繁荣多样，但是比教育资源更集中单一的县城或乡镇要丰富许多。总之，J 市从教育场域和权力场域的角度看，较为适合作为本书研究的案例。

二、反身性的方法

正如布迪厄所强调的那样，社会研究者需要对自己的兴趣和与研究行为相关的动机有一种自我参照意识。① 因此，研究者在选择经验案例时采用了反身性的方法。因为 J 市是和者的家乡，所以从这个角度看笔者是局内人：研究者在该城市接受教育，熟悉社会背景和当地习俗②。这有助于接触当地的机构和个人，而对这个城市的教育环境熟悉，这加强了对数据的解读。与当地居民说着相同的方言，熟悉当地的文化，这有利于与参与者的交流。同时也由于这些原因，笔者意识到可能产生的偏见，在研究中会保持觉知并尽量避免主观臆断。同时，笔者也是一个局外人，因为笔者已经多年不在 J 市长期生活，这给了笔者一个"新鲜的眼睛"，用它来捕捉圈内人可能认为理所当然的现象。③ 当然，这也许也会有所遗漏或者误解一些当事人的经验。

另一个问题是，一些参与者可能会认为该项目是为政府或媒体进行的。为了解决这些问题，笔者仔细地向每位参与者解释了如何保护他们的利益，并向他们保证这些数据只会用于学术目的。研究中用了化名来保护他们的身份，避免使用任何他们不希望使用的信息。现场做了笔记，记录意想不到的细节，避免过度解读。同时，笔者意识到无论采取了什么措施，自身的背景和与这些参与者的关系都会影响研究。使用单一城市案例来研究家庭教育投入也有一定局限性。

总体而言，J 市是考察教育场域中的家庭教育投入的合适案例。选择这个案例是为了对一个场域进行更深入和系统的调查。由于它满足了解决研究问题的基本要求，并且研究中采用了反身性方法，因此在这个项目中使用它来解决研究问题是合理的。对该案例的分析和讨论将在接下来的章节中进行。

第四节　小结

在这一章中，笔者借鉴了布迪厄的场域思想来分析中国的教育场域。中国的教育

① BOURDIEU, P. Science of science and reflexivity[M]. Chicago：University of Chicago Press, 2004.
② ASSELIN, M. E. Insider research：Issues to consider when doing qualitative research in your own setting[J]. Journal for Nurses in Professional Development, 2003, 19(2)：99-103.
③ PITMAN, G. E. Outsider/insider：the politics of shifting identities in the research process[J]. Feminism & Psychology, 2002, 12(2)：282-288.

具有场域的特性，具有自主性，因此本书将其作为一个场域来研究。本书还指出，当代中国的权力场域是由经济资本、文化资本构成的，它们都影响着教育场域。在此背景下，家庭教育投入可以作为一个特例来理解这一场域。在接下来的章节中，笔者将通过分析家庭教育投入中的不同形式的资本来理解家庭教育投入的深层意义。

第四章：资本与场域结构——方法框架第二步

第二章和第三章建立了中国的教育场域，这一场域与其他场域的区别在于：它以学业表现和考试成绩为核心的利害关系，以学历证书作为成就的标志。因而，家庭教育投入需要放在该场域的背景之下进行研究，尤其是与关键利害关系和权力关系联系起来理解。作为本书研究的第二步，本章和下一章详细阐述教育场域的结构，以及家庭教育投入如何在该场域结构中发挥作用。

本章继续对布迪厄的方法框架进行讨论解释，并为实证案例建立方法论基础。在布迪厄提倡的研究场域的三步方法中，第二步是"绘制出代理人或机构所占据位置之间关系的客观结构"①。即通过考察不同形式的资本，可以解析场域的结构与位置。那么在本书中，通过对不同形式资本的生产和转化的探究，可以对家庭教育投入在场域建构中的作用获得深入认识。为了进一步探究其中资本的转化，本书在实证案例中收集到实证数据，这些实证数据的具体分析将放在下一章进行。

本章重点在于对布迪厄资本概念的理解。在分别解释几种不同的资本类型之后，笔者解释了用资本来绘制场域结构的意义，并讨论了资本的不同基本形式在这一特定场域中的意义。最后，本章还解释了研究中如何以 J 市为例收集实证数据，并解释了它们是如何应用到本书研究的第二步中的。

---

① BOURDIEU, P., WACQUANT, L. J. D. An invitation to reflexive sociology[M]. Chicago：University of Chicago Press, 1992：104-105.

第一节　布迪厄的资本概念及其与场域结构的关系

如第一章所述，布迪厄提出了三步法来调查一个场域。在第一步建立场域之后，第二步是绘制出代理人或机构所占据的位置之间关系的客观结构。在目前研究的背景下，这涉及要把布迪厄方法调整并应用到本书研究所关心的研究对象，即家庭教育投入上来，来分析家庭的教育投入与教育场域结构之间的相互作用。因此，要对教育场域内的资本进行分析。

资本是理解代理人的关键，而场域的结构是由资本的分布结构或者说占有结构决定的。资本就像是"纸牌游戏中的王牌"①。这个王牌的比喻具有双重含义。一方面，资本是代理人在争夺稀缺物品的斗争中所持有的赌注；另一方面，资本是通过竞争获得的，也是所竞争的对象。换句话说，资本既是稀缺资源竞争中的资源，也是这种竞争的目标。

因而资本与场域关系密切，资本既产生于场域，是场域赋予资本的持有者以权力；同时，资本也为探究场域的结构提供了线索。布迪厄提出，代理人在社会空间中的分布依据三个主要原则：他们拥有的资本总量；其资本构成，即各种资本形式的相对比重；资本的发展轨迹②。因此，代理人所持有的资本解释了其社会地位，而获得资本的过程解释了代理人为其场域利益而进行的斗争。布迪厄通过研究各种个人和机构之间的关系，包括组织关系、行政关系和观念关系，将焦点转移到一个场域的结构上。这种焦点的转变使笔者能够探索该领域的关键利益斗争。这一步对于理解家庭教育投入具有重要意义，因为针对这些利益的斗争与场域中的区别与联系紧密相关。

布迪厄最初提出资本有三种最基本的表现形式：经济资本、社会资本和文化资本。随后，他又加入了象征资本的概念。每种资本形式都可以转化为另一种资本形式。布迪厄对这种转换的规律以及相互转换的比率都很感兴趣。资本的形式说明代理人拥有什么样的资源和获得什么样的利益，资本之间的转换规律则说明代理人如何在这个场域中竞争并重塑场域。在下面的几节详细阐述了布迪厄定义中的每一种资本类型，以

---

① BOURDIEU, P. Social space and symbolic power[J]. Sociological Theory, 1989, 7: 14-25.

② BOURDIEU, P. What makes a social class? [J]. On the theoretical and practical existence of groups. Berkeley Journal of Sociology, 1987, 32: 1-17.

及它们在本书中的应用。

一、经济资本

资本的本义就是积累的劳动。而经济资本被布迪厄这样定义，它"可以立即直接转换为货币，并可能以产权的形式制度化"[1]。经济资本是比较直接的显示权力和财富分配的特征，而其他形式的资本，例如文化资本与社会资本，都是以较为隐蔽的形式掩盖经济资本的占有。

在场域分析的层面，本书已经讨论过新型的经济资本如何进入场域并推进场域的演进（见第三章）。从家庭教育投入的角度，经济资本的投入包括那些为购买教育产品和教育服务所支付的金钱、实物，也可以是以产权的形式，例如学区房的购买。而目前尚不清楚的是，场域内日益丰富的教育产品与服务是如何影响家庭的教育投入实践的，这些尚需要实证数据来帮助理解其中资本的形式与转换情况。

二、文化资本

布迪厄特别强调社会空间中的非经济交换，表现为社会资本和文化资本。对社会资本与文化资本的关注成为布迪厄的主要贡献之一。在对文化资本的探讨中，布迪厄强调的是文化也可以是权力的来源。这就把其理论与经济学理论中对资本的讨论区分开来。布迪厄提出，那些来自文化上更富裕家庭的学生比其他人更容易取得成就，是因为他们继承了家庭的惯习和品味。这些在文化上的品位可以概念化为文化资本，而父母的惯习通过帮助孩子完成学业，为他们调动教育资源能够赋予孩子在教育场域的权力。从家庭教育投入的角度，文化资本是除了经济资本之外重要的教育投入，这个概念引导我们看见那些除了物质和金钱投入之外的家庭教育投入的其他面向。

具体而言，文化资本可以以三种形式存在：身体化状态、客观化状态和制度化状态[2]。身体化状态，即以精神和身体的长期倾向的形式存在。这种文化资本通常通过家庭环境与学校教育成为身体的一部分，例如学识、教养、技能、品位等。这种文化

---

① BOURDIEU, P. The forms of capital. In J. G. Richardson (Ed.), Handbook of Theory and Research for the Sociology of Education[M]. Westport, CT: Greenwood Publishing Group, 1986: 47.

② BOURDIEU, P. The forms of capital. In J. G. Richardson (Ed.), Handbook of Theory and Research for the Sociology of Education[M]. Westport, CT: Greenwood Publishing Group, 1986: 47.

资本的积累通常耗费时间和精力，并且只能呈现在个体之上，很难通过买卖或继承的方式从亲代传给子代。布迪厄特别强调，这种身体化的文化资本常被误解为客观能力，但他看到这种文化资本的社会根源。例如有些学生入学时词汇量比其他学生大，这其实是一种家庭影响下获得的能力。

文化资本的物质状态，是指以文化产品的形式（图片、书籍、字典、仪器、机器等）存在的文化财富，由于这些文化产品是物质的形态，所以可以方便直接传递、继承。孩子们可以从父母的文化遗产中继承这种资本。例如，当父母家里有大量的书时，孩子很容易接触到，并可能从他们所包含的知识中受益。因此，这些孩子往往比那些家里没有书的孩子有优势。文化资本的物化状态与文化商品有关。仍以书籍为例，书籍属于文化资本的物质状态，当然可以购买、赠送和继承，但是书籍要想真正起到作用，是需要真正去读书，然后转化为自己的学识、教养等，即身体化的形式。

而文化资本的制度化形态是指所掌握的知识技能被以学历证书等形式制度化。最常见的形式是学历证书，或由授权的国家文化机构——学校和大学认可的学术资格。学历证书持有者可以获得更高的学位、就业和其他通过资格获得的资本。一旦在制度中得到认可，这些文化资本就不再以身体化的形式存在，也不再以物质化的形式存在。在制度化的国家中，这种制度化的文化资本格外重要，因为其更容易被场域外例如劳动市场所认可，在其他领域的辨识程度和可信度也较高。

鉴于文化资本在教育领域的重要性，从理论上讲，家庭的教育投入可以涉及全部三种形态的文化资本。但是，目前对家庭教育投入中文化资本的作用却知之甚少。本书研究中需要调查家庭教育投入过程中文化资本的投入形式，以及这些文化资本是如何在教育场域中进行转化的。

三、社会资本

在非经济交换中，布迪厄还确定了另一种资本形式就是社会资本。社会资本是"实际或潜在资源的总和，这些资源与拥有一个或多或少制度化的相互认识和认可的关系的持久网络有关"[1]。布迪厄对这一概念的论述强调，来自社交网络和关系的社会资源也可以成为权力来源。社会资本以关系网络的形式存在，而这种社会关系并非自

---

① BOURDIEU, P. The forms of capital. In J. G. Richardson (Ed.), Handbook of Theory and Research for the Sociology of Education[M]. Westport, CT: Greenwood Publishing Group, 1986: 51.

然存在，而是以成为某种社群、组织成员等方式获得，通过制度性的关系得以加强。社会资本是一种资源，通过对这种资源的使用，可以对拥有者带来利益。

在教育场域，社会资本可以是家庭通过成为某种组织成员来获得，也可以经由工作角色在工作单位取得。例如，如果家长身处教育体系，那可以通过自己的社会资本获得一些与教育相关的咨询。再如，很多学校的家长委员会也是重要的社群，家委会的成员会在这个特定的关系网络中分享教育经验等。有些家长之间的联系还通过兴趣爱好社群完成。例如同为学习某一体育运动的家长，会更多地获得相关资源，有时还会形成竞争关系。这些具体如何在家庭教育投入中产生作用，都有待实证数据来深入挖掘。

四、象征资本

除了经济资本、文化资本、社会资本这三种基本形式的资本之外，布迪厄还提出了象征资本的概念，用来强调任何形式资本的价值都取决于社会的认可。象征资本是相对于有形资本而言的，当任何财产（任何形式的资本，无论是物质的、经济的、文化的还是社会的）被社会行动者感知时，会使这些行动者知道、认识并赋予其价值。更准确地说，象征资本是任何一种资本所采取的形式，无论它是通过什么感知范畴来感知的，这些感知范畴都是这种资本分布结构（强/弱、大/小、富/穷、有文化/无文化）中划分或对立体现的产物。

象征资本强调权力的象征形式。布迪厄将其描述为"世界的制造力量"，因为它强加了"社会世界及其分裂的合法愿景"[①]。布迪厄认为象征资本是有形的经济资本被转换和被伪装的形式。之所以象征资本产生了作用，因为它掩盖了源自物质性的资本的物质性。而其实物质性的资本也是象征资本产生作用的根本来源所在。象征权力被用来使当前的社会关系合法化；因此，它有助于社会秩序的再生产。重要的是，象征权力可以存在于经济、文化和社会资本中。当任何形式的权力设法强加意义并隐藏所涉及的权力关系时，它会在这些权力关系中添加自己特有的象征力量。象征资本产生"常识"，并定义社会中的分裂和对立，而这种资本的生产者通常是那些在以前的斗争中获得大量象征资本的人。它还允许一些人在不需要依赖身体暴力的情况下对其他人

---

① BOURDIEU, P. What makes a social class? On the theoretical and practical existence of groups[J]. Berkeley Journal of Sociology, 1987, 32: 1-17.

行使权力，这种现象被称为"象征性暴力"①。例如，在艺术领域，某些品味作为象征资本比其他品味享有特权；因此，古典音乐被定义为高雅艺术，而流行音乐则不是。这样的品位和区别被著名的音乐家和艺术评论家所接受，因为他们以前接触过古典类型的音乐。当他们强加有利于自己利益的价值观时，他们加强了构成社会空间结构的权力关系。也就是说，权力的客观关系被再现了。因此，象征资本对于理解场域秩序和家庭教育投入的作用至关重要。象征资本提出了以下问题：在家庭教育投入过程中，哪些投入被认为是更有价值的？哪些投入是被广为接受的？而这些的背后的原因是什么？

　　总之，经济资本、文化资本和社会资本为调查教育场域的权力来源提供了一个概念框架，从而有助于解释该场域的竞争模式。本书研究通过一个案例考察了这些不同形式资本的占有和转换情况，虽然不可能将研究结果推广到中国的整个教育场域，但这些数据将为解决研究问题提供思路。

第二节　实证数据中的资本

　　在布迪厄的理论系统中，对场域结构的探究需要通过分析各种类型的资本来实现。而想要分析这些资本的掌握与转化的情况，尤其是家庭教育投入当中的资本情况，需要实证数据的帮助。此外，为了完成对教育场域探究的第二个步骤，需要把实证案例中收集到的数据转化为各类资本。在第三章中已经介绍了为何选择 J 市作为实证案例，这里将讨论如何从这个案例中产生数据以及如何解释这些研究结果。

一、实证数据中的数据获取

　　本书研究第二步的目的是探究家庭教育投入中的资本占有与转换的情况，为了达成目的，本书的研究采用了多重方法来生成相关的实证数据，力求从不同的来源、不同的角度解释问题，也能够用不同来源的数据进行三角检验。

　　本书研究采用了定量与质性数据相结合的方式。其中的定量数据主要为人口学统计信息。包括家庭收入、父母双方的学历等信息。质性数据主要来自访谈，数据来自

---

① 　BOURDIEU, P. Symbolic power[J]. Critique of Anthropology, 1979, 4(13-14): 77-85.

对 52 名参与者的深度访谈。这些参与者是通过有目的的抽样过程确定的。选择该策略的目的是找到那些可以贡献较为丰富数据的参与者来帮助回答研究问题。主要的访谈对象是不同类型的家长。作为学生的监护人以及家庭教育投入的决策者，家长是重要的代理人。在采访中，家长们谈及对于家庭教育投入的看法。

本书研究最开始采用滚雪球抽样，从熟人介绍的适龄儿童家长开始，用这种方式招募了四位家长。其中每个访谈对象在访谈结束后都同意将这项研究介绍给他们所在的社区，这些介绍而来的访谈对象继而进一步介绍给他们熟识的家长。本书研究力求去接触和招募到各种类型的家庭，包含一些社会弱势群体，这部分群体的招募为研究带来一定的挑战。为了克服背景和经历上的差异，笔者反复检查他们是否理解访谈问题的意思，以及在访谈中是否理解他们所述的内容。尽管如此，笔者仍非常小心地解释他们的反应，并找出潜在的误解来源。除此之外，访谈对象还包括 J 市一些教育行业的从业者。这些从业者能够提供不同于家长的思路，来帮助理解家庭教育投入的问题。这些从业者的参与是完全自愿的，并且对全部的参与者进行了化名处理。

访谈是在适合参与者情况的地点进行的，通常是在他们家或工作场所附近的一个安静的开放区域，例如当地图书馆一个安静的房间里进行的。访谈地点的选择让受访者本身觉得安全舒服，并且足够安静来思考和记录。个别的访谈由于客观原因是在受访者的家中进行的，已经在访谈之前充分地征求对方的意见，还有个别访谈在受访者的工作环境中进行，这是由于受访者工作性质不能离开岗位。这些访谈的结果分析将在第五章和第七章详尽地展示。

访谈是本书研究最主要的收集数据的手段。之所以使用访谈，是因为这是一种强大的方法，可以让我们深入了解所调查的现象，即家庭教育投入的深层动机及其影响。访谈中新知识的产生涉及访谈者和被访谈者对意义的共同建构。正如克瓦莱所说"访谈，两个或两个以上的人就共同感兴趣的话题交换意见，看到了人类互动对知识生产的中心地位，并强调了研究数据的社会情境性"[①]。在这个过程中，笔者和参与者的经验都是同等重要的。通过采访，能够鼓励参与者讲述他们的故事并构建新的故事。与此同时，笔者积极参与他们故事的构建，同时保持对自己影响力的认识。

本书研究中的访谈是半结构化访谈，围绕一系列广泛的主题领域进行组织。这种

---

① KVALE, S. InterViews. An introduction to qualitative research writing[M]. London：Thousand Oaks，CA：Sage Publications，1996：14.

半开放式提问技术足够开放，允许出现意想不到的回答。所有访谈均为面对面的访谈，能够就一些模糊回答进行深究，并且对必要的问题进行追问。访谈使用普通话进行，是笔者与受访者的母语。所有的访谈都用两份录音笔进行音频记录，并妥善保存。之后对所有的访谈进行了转录。

二、针对资本的数据处理

如前所述，对数据的分析以布迪厄对场域、资本和惯习的理解为指导。而考虑到布迪厄提出这些概念的时代和空间背景，这些概念工具需要结合中国当今的具体状况来进行转化和操作化。

本书研究中，在获得了实证数据之后，围绕资本对数据进行了处理。从实证案例中产生的数据被编码为不同形式的资本。首先，本书研究中的经济资本指的是经济投入、物质财产和货币收入，如学费等。这里的关键问题是经济资本如何在该领域使用，并且探究家庭的这些经济资本的投入对于子女来说意味着什么。其次，社会资本是指从网络或社会关系中获得的资源，这些资源在家庭教育投入中起到的作用，以及社会资本与其他资本之间的转化也是本书所关注的问题。社会资本的概念引导笔者去观察这些关系，思考它们是如何转化为社会地位的。再次，文化资本可以以身体化状态、制度化状态和物质化状态存在。而家庭对于文化资本的投入包括家长对子女的陪伴、对子女学业上的辅导、学历证书的取得以及一些教科书、辅导书、课外读物等的投入。最后，所有这些形式的资本不仅仅从积累或投资的角度来考虑，拥有这些资本赋予的权力并使其合法化，所以象征性资本的产生与使用也是研究分析的重点之一。

除了以上这些资本的拥有与使用之外，本书还分析了他们之间的关系。这些资本形式的重要性各不相同，因此有必要了解它们是如何相互作用的。一种形式的资本可以转换成另一种形式，因而主要分析任务之一就是研究这些转换。本书也注意到不同形式资本的占有又如何影响人们在教育场域的位置，反之亦然。例如，当教育场域重视某些形式的文化资本，如先进的知识，教师在传授这些知识方面起着至关重要的作用，而家长在教育投入中也就会对这样的文化资本趋之若鹜。

简而言之，笔者通过资本的视角来解读实证数据，并用这些数据来解释资本的产生和转化，并将其与场域结构联系起来。这些探索产生了对家庭教育投入的新知识。

第三节　小结

　　本章对本书研究的第二步骤进行了理论讨论，并描述了获得相关实证数据所采用的方法。资本赋予了代理人在这个领域的权力；事实上，资本的分布构成了教育场域的结构。因此，有必要确定家庭教育投入中的关键资本形式。为了了解家庭教育投入如何影响场域，本书研究需要从一个实证案例中生成数据，即 J 市。资本的生产和转化分析将在下一章进行。

第五章：家庭教育投入中的资本转化

前一章解释了资本是理解场域结构的关键——资本既是场域竞争的手段，也是场域竞争的成果。因而在对场域结构的探索中，务必要关注资本的形式与转换。在前一章的基础之上，本章致力于深入解读在家庭教育投入中资本的形式及其转化。在结合实证材料的基础上，从家庭教育投入的需求方与提供方双方的角度，来深入理解这些投入的资本如何在场域内进行转化，又建构了怎样的场域结构。

本章以 J 市为实证案例，考察在 J 市中家庭教育投入的不同资本形式及其转换，从而深刻理解家庭教育投入实践中与场域结构相互影响的机制与规则。与以往研究最大的不同在于，这一章虽然从家庭教育投入中的经济资本投入为开端，但是重点却并非比较那些经济资本的投入及其回报。比起经济资本，本章更为关注的是布迪厄所关注的其他资本的形式，尤其是文化资本的生产与转化。在文化资本的基础上，本章也关注象征权力与象征资本的影响。本章对实证数据的分析表明，在家庭教育投入的实践中，经济资本对于文化资本与象征资本的转化是理解场域结构的关键。家庭的教育投入使其子女在教育场域获得更多的合法形式的文化资本，而在此过程中，教育服务的提供者为这些文化资本乃至象征资本的产生提供了助推力量，也因而成为教育场域中的重要参与者，对场域结构产生了深远的影响。

鉴于文化资本是教育领域的关键，本章围绕 J 市家庭教育投入实践中不同文化资本的形式进行组织。首先，本章深入挖掘家庭教育投入在转化为文化资本过程中的生产与转化机制，其中重点关注那些身体形式的文化资本，解读家庭教育投入中经济资本从考试、排名和学术竞争中产生的文化资本。其次，本章还重点分析教育服务提供者如何作用于教育领域中一种相对较新的但重要的文化资本形式——素质。这一章重点论述追求这种形式的资本所特有的冲突，并展示了教育服务提供者如何参与重新定义这种资本的竞争。从文化资本与象征资本的角度，理解家庭教育投入实践对场域影响的复杂性。

第一节　文化资本的生产机制

一、保持在场

教育场域内一直存在着对关键的利害关系的争夺。通过 J 市这一实证案例，研究发现，"保持在场"是很多家长坚持进行家庭教育投入的原因。理论上，家庭教育投入的各项教育服务是多元的，但是在研究中发现，这里存在着从众的现象。当一些教育服务变得普遍，很多家长都会自觉或不自觉地参与进来，而至于服务中生产了哪种类型的文化资本，并不是首要的考量标准。用布迪厄的框架来看，就是场域中的代理人会参考其他代理人的决策，尽量保持"在场"。或许对于其中游戏的规则并不熟悉，或许并不完全清楚这些服务的目标。但是家长会通过与身边人的比对，保持在核心的竞争中不被落下。

很多被访的家长都为子女进行了一项名为思维训练的教育服务，家长们认为经过思维训练之后，学生能够在学习中具备优势，而那些没有接受过思维训练的学生则很可能会失败。很多家长提到，他们对此进行教育投入，是为了让子女能够跟上其他人的节奏，正所谓水涨船高。而多数家长并不完全清楚，这所谓的思维训练究竟如何影响他们子女的学业。换句话说，由于这项名为思维训练的教育服务，教育场域内的竞争规则产生变化，而家长有意无意之间根据这些规则调整其家庭教育投入策略。那么，他们对于家庭教育投入的参与就等于主动加入了这场教育上的军备竞赛。

尽管并非所有家长都认可这种思维训练所生产出来的文化资本，这其中包含着与惯习的协同作用，这些将在后两个章节展开讨论。在这里，一项重要发现是，场域中这种思维训练的教育服务，有一种以象征权力来裹挟家长加入家庭教育投入的趋势。从实际情况看，思维训练的提供者关注教育场域的重要利害关系——学业成绩考试结果，并努力在与学生、家长等人的互动中强调他们可以生产获得这种利害关系的能力。

例如，一位思维训练项目负责人常平讲述了他如何招学生子健的。在当时，子建觉得没有必要学习思维训练，因为他在学校的成绩是拔尖的。但是常平拿到了子建妈妈的电话，声称以后子建上了中学一定会后悔没有学习这项课程，并且愿意提供一节免费课程让子建试听。

> 常平：子建的妈妈非常重视，并把子建带到了思维训练的课堂上。结果子健发现一节课下来他竟然跟不上进度，在课后的小测试也很多做不出来，排在多数同学之后，于是子建大哭："我是班里的第一名！我在学校都得过第一名，在这怎么就这么差呢？"后来，子建连着报了两个思维训练班，普通课程和强化课程。因为他觉得自己和其他人相比错过了很多东西。

虽然常平认为这是一个成功宣传例子，但从布迪厄的理论视角看，这里不仅有学生身体化的文化资本的生产，更存在着象征性暴力的实施。如常平的叙述，子建在加入这个思维训练的"游戏"之前，是学校的优等生，他已经具有身体化的文化资本，用来在学业考试中获得优异的成绩。但是当子建进入到这个"游戏"中，考试的结果与排名就以思维训练课程中生产的文化资本为基准，并重新定义了子建在场域中的位置。

这个案例中需要注意的是，思维训练课程中营销技巧的运用，即把思维训练中的竞争等同于未来在学校中的竞争，从而引起像子建这样的学生对其成绩和排名的忧虑。思维训练课程中的标准，以象征性权力来为学生排名。而又以排名的结果作用于家长对子女的爱与责任，从而引发恐惧。如果对此排名视而不见，子女就会面临风险。此外，子建因为学业成绩的优秀被精准定位，因为他的转变可以为其他不愿意选择思维训练课程的人树立榜样。而事实上，子建也确实以极端的方式解决了这个问题：他报名两个课程，表明了他想要加入这个被塑造出的竞争之中。

由此可见，思维训练这类的课程，能够在学业表现上用象征权力修改竞争的规则，也因此不仅仅是在生产一种文化资本，还将一种竞争的气氛带到场域中，影响着家长的家庭教育投入决策。传授知识作为一种文化资本的形式，这种形式得到了场域中代理人的认可。此外，还通过组织考试、学术竞赛和排名来为学生的文化资本获得赋予象征性意义。

二、"好学生"标签

除此之外，笔者还发现 J 市的家庭教育投入实践不仅增加了学生的身体化的文化资本，使他们获得更好的教育，还产生了特殊的象征的"好学生"标签，而尽管这些"好学生"标签的作用未必明晰，家长却非常看重，并成为其进行家庭教育投入的重要考量因素。

虽然，家庭教育投入确实能够让子女获得更多的身体形式的文化资本，但是并不能因此断定，家长把孩子送到类似课程只是为了学习知识。事实上，有相当多的家长提及是为了比较自己孩子与同龄人之间的表现：

> 史超：当这些课程组织比赛排名时，我通常会鼓励我的女儿参加。为什么？因为只有这样我才能知道她在这个城市的位置。虽然我的女儿才上五年级，但我已经很想知道她的位置。进入最好高中的竞争非常激烈。我们需要提前知道她的位置。所以我为什么选这个课程？因为它的学生多，又很多分公司。如果她去参加比赛，就可以和全市其他的孩子比较。我不是送她去单纯的学习，我是派她去知道她的位置的。

这位叫史超的家长表明，他通过让女儿参加考试和竞赛来评估她的相对地位，可见他是在根据自己所拥有的资本，以及对游戏利害关系的理解来参与游戏。史超很重视这些排名信息，因为他相信这可以帮助孩子选择一所好的中学。实际上，J 市的很多课程都为家长提供了大量的机会，以测验、考试和竞赛的形式获得这些信息和排名。这些比赛例如词汇记忆、诗歌背诵、思维能力等等。相关活动有的是全市范围，有的是全省，甚至全国范围。通过这些比赛，参与的学生有了相对的比较，即教育场域的位置信息。

由此可见，家庭教育投入很大程度上是对信息和象征性资本的交换。这些比赛赋予一些学生以"好学生"的称号，也反之成为影响教育场域的象征性力量。例如上文讨论的子建，从他家长的这份教育投入中获得了看得见的回报。因为子建后来获得了很多比赛奖牌，成为机构的著名"好学生"。这虽然是非正式头衔，但是确是子建在教育场域中占有优势地位的重要信号，后来子建还顺利升入了全市最好的中学。很难否认，他在比赛中的成功给了他一个额外的"好学生"的信号，使他很容易被学校识别，从而将文化资本转化为场域位置。

由此可见场域内文化资本的生产具有复杂性。尽管家庭教育投入的对象具有多元、开放、自主等特点，但是这些文化生产活动对于学生所拥有的文化资本具有重要影响。有影响力的课程甚至可以通过自身创设的规则，来使其中的参与者获益，而这些"好学生"的标签，不仅仅是家长急于了解的信息，也让学生在学业竞争中获得了潜在的优势。

三、教师的作用

场域中资本的转化如何完成的？除了有家长和子女的决策，还必须注意到教师在教育场域中的重要作用。除了学校教育中的教师之外，家庭教育投入中涉及其他的教育服务提供者，这些教师对家庭教育投入实践也有深远影响。这里一个重要的问题是，这些教师在场域内受到怎样的规则限制，他们对于文化资本的影响又是如何？

教师在中国教育场域具有特殊的地位。他们不仅是文化资本的传递者，还具有象征性权力。在中国古代，老师被称为"师父"，"师"意为老师，"父"意为父亲，而这个称呼就表明教师的权力最初是建立在父权的基础上的。在儒家传统中，"天、地、君、亲、师"是受人尊敬的对象，是传统伦理信仰和实践的真正仲裁者，而教师地位被并列其中，被认为是"传道授业解惑者"，这说明教师已经超越了其专业性，受到额外的尊重和道德人格方面的期待。因而，教师的教育实践不仅仅具有专业意义，也被赋予了更多的神圣意义，或者说象征性权力。

在家庭教育投入所面向的教育服务中，教师的重要地位被保留下来。例如，在教育机构中的教师仍被称呼为教师，与学校教师的称呼并无区别。中国社会对教师的高度尊重，为现代专业主义概念增添了进一步的象征权力。因此，教师在场域中的定位是建立在专业和传统尊重的基础上的。这些是教育服务中重要的资本。一家提供教育服务的机构创始人这样解释他们选择教师的标准：

> 雨琴：与学校教师不同，我们的教师需要具备两种能力。第一个是沟通技巧。教师需要知道如何与家长和学生沟通。他们需要知道如何在家长面前推销自己……另一个是教学能力。在学校，即使学生不喜欢你，他们也必须

坐在那里。但是，如果你在这里表现不好，学生们会喜欢你吗？如果他们不喜欢你，他们可以随时离开，你就没有机会了。

雨琴强调，影响家长和学生的能力是她选择教师的标准之一。可见，教师的这种能力被教育场域所重视——教师应该能够向家长解释他们的经济资本投入是如何转化为文化资本的。换句话说，这个领域看重的不仅仅是专业精神，还有将文化资本转化为象征资本的能力。

不仅如此，对教师的重视和期望也体现在教师的薪酬体系中，即基于教师营销能力的绩效体系：

　　洪欣：工资没有上限。这取决于老师的教学能力，也就是一个老师能教多少课。工资肯定比学校高……有些老师很受欢迎，一周上13节课，那么他们就能挣1万多元。

虽然洪欣用了"教学能力"一词，但很明显，工资制度要求的不仅仅是专业精神，还需要具有吸引并留住学生的能力。这些被奖励的能力反映了招聘标准，说明其在教育场域中的重要性。对于教师来说，这些能为他们带来比学校更高的工资，因而教师重新定义了场域产生的文化资本。从教师的选拔和奖励机制可以看出，教师本身已经成为场域内经济资本转化为文化资本的重要媒介，因而对其能力有着特殊的要求。那些可以更好地表达其教授的文化资本重要性的教师，在场域中具有更重要的位置。而从教师自身来说，这种转化能力成为他们身体化的文化资本本身，完成自身能力的转变，也象征着场域内对于文化资本的重视，以及对于经济资本转化能力的重视。

在家庭教育投入过程中，家长作为重要的代理人在做出各项决策，所希望得到的是教育场域内的核心利害关系。布迪厄在讨论文化资本的时候，强调文化资本中三种状态，即文化资本的身体化状态、物质化状态，以及文化资本的制度化状态。在家庭的教育投入实践中，身体化的文化资本体现得尤其明显。这种身体化的文化资本一方面体现在学生身上，即保持参与场域内竞争，并获得一些有利的标签，同时也存在于教师身上，教师独有的场域内特殊的角色促进了文化资本的生产，而又因为其身份的特殊性，对于资本转化的能力提出了较高的要求。这些案例都能帮助理解该场域内所真正发生的实践,是如何进行文化资本的生产的。

第二节　文化资本生产与象征资本

一、"素质": 一种非传统的文化资本

通常人们认为,家长进行家庭教育投入,是想直接获得子女学业成绩的提高。但是本书研究的数据表明,很多家长的期待不止如此。有相当一部分家长明确说明,他们希望通过家庭教育投入获取子女的"素质"。笔者认为,这种家长口中的素质可以被定义成一种文化资本形式,而理解其复杂性对于理解家庭教育投入具有重要意义。

当家长们被问及对于家庭教育投入的期待时,很多家长都提到,希望在学业表现的提高之余,发展出更多的能力。例如,伊梅解释了她为什么为女儿进行教育投入:

> 伊梅:作为一个中国人,你至少应该有一个良好的中文基础,所以你需要好好学习中国文化。你需要充分理解汉语这门特殊的语言,否则你无法很好地表达自己……也许我女儿将来会去国外学习……如果她想从其他国家学习一些先进的知识,没有良好的英语口语她什么都做不了。

对伊梅来说,学习中国文化和英语都很重要。而且学习这些的目的不是为了学习成绩,而是为女儿的未来做准备。她认为,学习中国文化可以提高女儿的自我表达能力,而学习英语可以为她未来的海外生活做好准备。正如她所说,"并不是为了考试成绩",而是"希望她能适应这个社会"。可见,伊梅十分重视女儿在能力上的发展,而这些能力,被她用"素质"一词来指代。

伊梅希望女儿从家庭教育投入中获得素质,这是以往的研究很少注意到的内容。很多研究都认为,家庭教育投入主要以提高学业表现为目的,以学校的科目为基础,甚至批评其过于强调学生的考试成绩[①]。相反,素质教育是由政府提出来的对应试教育的抵制。素质教育是以培养人的全面素质为目的的教育。素质教育是教育改革的核

---

① BRAY, M., KWOK, P. Demand for private supplementary tutoring: conceptual considerations, and socio-economic patterns in Hong Kong[J]. Economics of Education Review, 2003, 22(6): 611-620.

心宗旨，并于 2006 年被写入《中华人民共和国义务教育法》。已经制定了降低考试重要性、限制上课时间和减少学生工作量的政策。

而在时空语境中探索素质的意义也很重要。当人们从全面能力和个人发展的角度来定义素质时，他们通常是在将中国的教育体系与其他国家的教育体系进行比较。很多家长认为其他国家的教育体系更为优越。例如本书的研究中就有一些家长已经计划将他们的孩子送到国外。例如：

> 苏平：我们太看重考试成绩，而不是关注个性的发展。我们需要多多向外国学习。他们的高等教育甚至基础教育都很有优势。他们尊重人，而我发现在中国人很少受到尊重。
>
> 伊梅：在德国的小学里，孩子们只是玩耍。但是他们玩的时候，也能学到一些东西，因为老师有特殊的教学方法。德国学生可能从高中或大学才开始认真学习。他们的教育制度和我们不一样，如果我们不把孩子送到海外，就必须适应我们的制度。

尽管他们对这些国家教育的看法可能与现实不符，并且其中的比较和判断具有相当的片面性，但他们的描述显示了很多中国家长对素质教育的理解。苏平和伊梅对中国的教育并不满意，却把国外教育视为理想教育范本，尤其是对国外的高等教育非常向往。他们认为孩子在国外接受的是素质教育，并且认为这是这些国家教育的本质。必须注意的是，他们所谓的国外实际上指的是西方发达国家，比如英国、德国和美国等。家长们对西方教育的尊重和向往并非个例，而是具有一定的普遍性。这其实是对素质教育本身的误读，也是对国内教育方向的误读。但作为研究，探求他们这些想法背后的价值观也是有意义的。

在本书研究中很多家长有培养子女素质的意愿，这些将在第七章中进行更详细的讨论。在这里需要讨论的是，素质已经成为家长们进行家庭教育投入的重要原因之一。为此，他们采取多样化的教育策略——有人把子女送到国外读书，另外一些则留在国内，维持在国内教育场域中，并争取更有利的位置；有人认为子女应该参加课外活动，如艺术和体育，而另一些人则坚持认为学习学校科目有助于学习。可以看到对素质的理解不同，实施的手段也各有区别，正是这种复杂性，把素质塑造成了一种被向往的但是定义模糊的资本。

本书把素质理解为文化资本中的身体化形式的一种。素质教育改革赋予了这种资本形式象征性的权力，强调人们在学校科目中应该具备超越知识和技能的能力。这种形式的文化资本似乎不同于通常认为的家庭教育投入所提供的，比如学业上的辅助与提高。然而，本书研究数据表明，素质这一文化资本的定义虽然来自政府的教育主张，但是在民间的定义中却是一个各方主体争夺和协商的对象。正因为对其理解不同，也就使对其意义的象征性争夺变得重要起来。

二、对于"素质"象征意义的争夺

既然素质已经成为一种场域内人们想要获得的文化资本，其在场域中的重要性就逐渐体现出来。而其中一个不可忽视的现象就是，关于素质该如何定义的问题，已经有了不同代理人之间的异见和纷争。可以说，素质的内涵是一次集体建构的结果——它是由老师、家长和企业家等等场域内重要的代理人共同建构而成的。

谁能够培养素质成为重要议题。很多教育服务的提供者努力与应试教育模式划清界限，将自己定位为提供素质教育。因而，在这里存在着一对内在的紧张关系——很多教育产品最初是为了提高学业表现的，但是提供者逐渐意识到素质的重要性，并开始通过素质教育的名义来维持其在教育场域中的地位。很多提供者的集体声音是，素质这种文化资本可以在它们所提供的教育服务中获得。在他们为自身的教育服务解释的时候，存在着对象征资本的争取，例如：

> 雨琴：我们这里进行的是素质教育，与应试教育完全不同。
>
> 戴珊：这里的教育是真正的素质教育……为什么有些家长把孩子送到这里？他们可能不是来获取知识的。当代社会要求人具备综合能力。也就是说，人们不能只在考试中取得好成绩，他们需要知道一切。

雨琴和戴珊都认为她们提供的教育服务属于素质教育。戴珊认为素质教育是综合能力以及对社会的良好了解，比考试所要求的学科知识更重要。她们的反应表明，所在的教育提供方不仅珍视素质的价值，而且努力争取一种有能力为学生培养素质的话语，即象征性资本。然而，正如前文所述，素质的概念对于很多教育服务提供方来说是充满矛盾的，因为素质的内涵与很多提高学业表现的目的并不相符。

教育提供者争夺素质的象征权力的现象不容忽视，其中他们采取的一系列策略也包括批评学校教育的不足。一些教师声称，他们提供的教育要比学校教育更为优越。

> 戴珊：在学校里，老师忙于各种检查，所以他们没有时间关心学生的学习。我当时在学校的时候，就像一个保姆。但自从我来到这里，我就能关心素质了。
>
> 洪欣：我们教写作的方式和学校不同。这其实是和很多家长的想法不同的。他们认为写作应该指导学生如何描述一只猫，如何描述你的妈妈。这是应试教育所要求的作文，是没有诗意的。

在回忆比较她的教学经历时，戴珊把学校老师形容为"保姆"，即没有时间关心学生学习，只能进行日常生活照顾的人。这不失为对学校教师的污名化。通过这种方式，戴珊构建了一种观念，即只有当教师有额外的时间思考时才能培养学生的素质，但这显然是与事实不相符的。另一位教师洪欣将学校和家长要求的作文与她所教的作文进行了对比。她将前者描述为应试写作，而后者则是"诗意的"写作。在这两位教师的叙述中，都把校内外的教育进行对比，通过教师身份争取把素质定义为象征资本。

重要的是，戴老师和洪老师所说的素质仍是基于她们的学科教学。由此可以推断，这种素质或许也可以被定性为应试素质，这是一种可以由教育服务提供者产生的资本形式。一位提供方的管理者提出了一个强有力的论据来支持他们所生产的资本的象征性力量的竞争价值：

> 熊波：尽管对能力的要求越来越高，但人们只能依靠一个好的成绩。毕竟，中国人口众多……我们应该批判性地思考。学习难道不是一种能力吗？它是。它是一种学习能力。你学得有多好可以证明你有多大的能力。

熊波提出了一种创造性地理解素质的方式，认为能力不能与学科学习分开考虑，因而把对学业的学习能力看成是素质。通过这种方式，他建构了一种学业获得是未来重要能力的观念。这里的能力也可以视为一种象征资本，能力或者素质的培养使其提供的教育服务合法化。熊波在这里所指的能力，是素质的另一种表达，解释了他的商业利益，也确立了学生既可以获得高分，又可以获得素质的观念。通过这种方式，他指出了通往这种文化资本的途径。

同时不能忽略的是，因为一些教育提供者的规模较大，影响力强，也就对场域内生产什么样的文化资本，以及何为素质的培养产生了影响。例如洪欣所述：

> 洪欣：自从我们引进了这门绘本课程以来，几乎每一个名牌学校的学生都能接触到这门课程。现在他们很乐意读我们的绘本，……在 J 市，多数人都知道我们的课程。

教育提供方的影响力很大程度上来自其学生规模。正如洪欣观察到的那样，几乎所有的名牌学校都有他们的学生，并且使用他们的绘本。在洪老师看来，这是一件积极的事情，因为这些书可以帮助学生学会写作，而这种写作在她眼中是一种素质教育。然而，正如前文所述，这种所谓的素质的培养对场域也产生了影响，很多家长和学生会想要参与其中，保持在场，而未参与的一部分人在同时被排除在外。

综上所述，素质一词自从被提出以来，已经经历了很多官方的论述和宣扬，因而在场域中的代理人会认同其正面的价值。而本节探讨了这种文化资本在场域内的复杂性，即学校与校外的教育提供者都在争夺对这种资本定义的权力。通过把自己的教育服务定义为素质，很多代理人能够把自己提供的服务合法化。而这种实践很难不对学校教育产生影响，对场域本身的竞争产生作用。

第三节　小结

本章讨论了家庭教育投入的经济资本所经历的重要转化过程。经济资本转化为文化资本的过程中，并非简单的兑换，而是经历了不同形式的转变和竞争。家庭教育投入的经济资本被转化为特定领域的资本，如教科书/课程、物理教学环境、行政服务和优秀教师。在这些投入的资本转化中，不仅产生了各种形式的文化资本，而且所生产的文化资本本身较为模糊和多元，因而家庭教育投入中的文化资本生产具有复杂性。

除此之外，家庭所投入的资本还承载着复杂的象征资本生产。本书研究发现，提供教育服务的代理人不仅仅生产和学业、艺术等相关的文化资本，还生产了一种重要的文化资本形式——素质。根据本书研究的数据分析，素质这一含义在家长、教师、机构、学生的共同作用下，在场域中进行了重新定义。研究结果表明，家庭教育投入不仅仅改变了每一个家庭本身，还对整个教育场域产生了结构上的重塑作用。

第六章：惯习与场域位置——方法框架第三步

本章的讨论建立在前几章的基础上。第二章和第三章考察了中国教育场域怎样发展出自己的核心利害关系和成就标志。在第四章和第五章中则解释了家庭教育投入中的资本转化问题。在这些讨论的基础上，本书提出了第三个研究的子问题：不同场域位置的家庭教育投入有何差别，又对场域产生什么影响？这里利用惯习的概念来调查家长在家庭教育投入方面的差异。本章解释并运用布迪厄的惯习概念，下一章将呈现数据分析的结果。

惯习源于场域位置，同时又对场域的重新构建产生作用。而在与场域的相互作用中，资本起着决定性的作用。布迪厄认为，了解人们的惯习是一个场域研究的三个步骤之一。惯习在概念上与场域和资本相关，而这里将把重点放在惯习上。利用惯习的概念，可以将参与者分配到不同的场地位置上，并借助一些本土概念来理解不同场域位置上惯习的含义。换句话说，惯习提供了一座概念性的桥梁，使笔者能够在中国的特定背景下解释案例。

本章的顺序安排如下。第一部分介绍如何理解惯习这一重要概念，这里尤其关注惯习和场域位置之间的关系，因为这对理解这一概念并达成本章的目的至关重要。第二部分为实证案例的分析奠定基础，即绘制出参与者的场域位置。最后，本章还解释了为什么有必要将布迪厄的理论运用在当代中国，并且结合一些中国独有的本土概念来洞察家长的教育信念和策略。

第一节　理解惯习

布迪厄的惯习概念可以解释教育场域的结构，以及这种结构与人们家庭教育投入策略之间的关系。惯习是一种产生行为的内化习性系统。布迪厄认为，人的习性与社会结构有关，因而在实地的调查中需要检验信仰、价值观的重要性。正如第四章和第五章所解释的那样，资本的概念有助于探索在该场域家庭教育投入中使用的资源的价值，但却不足以解释社会实践是如何产生的。因而本章承接上文，介绍了该方法框架的第三步骤，即去更好地理解场域内的主体或者说代理人，特别是他们的惯习。

布迪厄将惯习定义为："一个持久的、可转化的习性系统，它整合了过去的经验，在每一刻都作为感知、欣赏和行动的母体发挥作用，依靠对各种框架的类比性的转换，惯习使千差万别的任务的完成成为可能。"[①]在这个习性系统中，过去的经验有助于建立持久的存在方式、身体状态和习性[②]。因此，习性并不总是理性的选择或无意识的行为，因为个人不断地融入社会，并以他们可能没有意识到的方式受到他们的经验的影响。换句话说，个体同时被嵌入和具体化。当惯习遇到产生它的社会世界时，它就像"水里的鱼"[③]，因为它虽不认识使其成为可能的水，却可以游刃有余。惯习是产生实践的先决条件，它对实践的贡献取决于环境中的其他因素。

最重要的是，由于这种习性系统代表了内化的社会和文化条件[④]，惯习可以成为理解人们社会地位的有效方法。这是因为惯习可以在某些现象中观察到，过去的社会实践经验建立了人们以本能或直觉的方式进行实践的习性。例如，一个足球运动员会对如何踢足球产生一种感觉。这种习性是由他在场上、在比赛中、在他指定的位置上的经验形成的。随着时间的推移，他逐渐了解游戏规则和"优秀"游戏的标准，所以最终他知道在玩游戏时需要做什么。然而，这并不是说一个人对足球的习性可以简单地

① BOURDIEU, P. Intellectual field and creative project[M] ∥ In M. F. Young (Ed.), Knowledge and control: New directions for the sociology of education. London: Collier-Macmillan, 1971: 83.

② BOURDIEU, P. Outline of a theory of practice[M]. Cambridge: Cambridge University Press, 1977: 51.

③ BOURDIEU, P., Wacquant, L. J. D. An invitation to reflexive sociology[M]. Chicago: University of Chicago Press, 1992: 127.

④ BOURDIEU, P., WACQUANT, L. J. D. An invitation to reflexive sociology[M]. Chicago: University of Chicago Press, 1992: 104-105.

转化成为一名优秀的足球运动员，因为一个人需要的不仅仅是经验。还有更多的惯习和限制，这在一个特定的场域内也需要考虑。所以惯习不仅仅是经验。例如，一些人的场域位置使他们比其他人打得更好。

惯习的形成是从场域的某些位置开始积累历史的过程。因此，应注意场域位置从过去到现在的影响。正如布迪厄所强调的，惯习不是由个体自己形成的，而是"组织行动的结果"①。这并不意味着布迪厄的理论如一些批评家所认为的那样是结构主义决定论的一种。相反，这意味着社会结构为哪些代理人来自相似场域位置提供了线索。布迪厄在他自己的作品中解释说，学生的习性将他们面对的可能性局限于他们所属的社会群体，同时也排除了一些不可想象的愿望②。惯习只提供可见的可能性，而不是决定实践。换句话说，正如后来的研究者所解释的那样，惯习设定了代理人"自由"采用战略实践的界限。这些实践，是基于实践感觉的直觉，引导而不是严格地决定行动③。布迪厄强调的是，来自相似场域地位的人往往有共同的惯习，而惯习也因此可以区分人，并为社会结构提供线索。

惯习不仅被社会结构所塑造，它也参与了建构社会结构。惯习对人们在场域中采取的策略有很大的影响。它是一种"策略生成原则，使代理人能够应对不可预见的和持久的情况"④。正如第二章所讨论的那样，布迪厄谨慎地将场域比作一场游戏，而惯习就是这场游戏中玩家游戏的感觉，游戏中的玩家将他们对规则的理解付诸实践，并据此进行游戏。因此，玩家的惯习可以理解为理解规则、投入游戏以及使用所有策略来玩游戏的方式。在这里，策略是玩家对游戏感觉的产物；它们是实践惯习的能力。通过使用"策略"这个术语，布迪厄强调了代理人的重要性，但代理人的意义是有限的。有些人知道"如何对规则采取自由态度，从而保存规则的重要部分"⑤。然而这种

① BOURDIEU, P., & PASSERON, J. C. Reproduction in education, culture and society[M]. London: Sage, 1977: 51.

② BOURDIEU, P., & PASSERON, J. C. Reproduction in education, culture and society[M]. London: Sage, 1977.

③ HARKER, R., & MAY, S. A. Code and habitus: Comparing the accounts of Bernstein and Bourdieu[J]. British Journal of Sociology of Education, 1993, 14(2): 169-178.

④ BOURDIEU, P., & PASSERON, J. C. Reproduction in education, culture and society[M]. London: Sage, 1977: 72.

⑤ LAMAISON, P., & BOURDIEU, P. From rules to strategies: An interview with Pierre Bourdieu[J]. Cultural Anthropology, 1986, 1(1): 110-120.

能力分布不均，通常并不充分。处于支配地位的人往往对规则有更好的了解，他们拥有象征权力，并制定规则。这就是惯习在社会再生产中不可或缺的原因。

　　本书的研究中主要关注与家庭教育投入相关的家长的惯习，检验家庭教育投入实践为场域结构带来的影响与改变。惯习可以帮助理解家长为何要进行家庭教育投入，以及在教育投入的过程中所秉持的策略与期待。从理论上讲，人们对于家庭教育投入尽管具有一些共同的期待，但会因为惯习的原因呈现出一些结构性的差异。这取决于他们不同的场域位置，在不同的位置上对教育这场"游戏"的感觉也会有所不同。下一节将使用经验数据构建一个场域的结构图，用以分辨这些参与者在场域中的不同位置。

第二节　实证数据中的场域位置

　　惯习的概念凸显了代理人所在场域位置的重要性。因而这一节开始对所收集的实证数据进行整理。通过描述家长所在的场域位置，为后文解释家庭教育投入背后的惯习奠定基础。

　　正如第三章所讨论的，教育场域中最重要的两种资本形式是经济资本和文化资本。因此，在本书研究的实证数据收集阶段收集了相应的人口统计学信息，作为家庭经济资本与文化资本的指标（如表6-1、表6-2所示）。因此，笔者使用量表来表示家庭资本的相对水平。这种方法也使笔者能够比较不同形式的资本。

表 6-1　文化资本的衡量

教育水平	赋值
小学以下	1
小学	2
初中	3
高中或中职	4
本科或大专或以上	5

表 6-2　经济资本的衡量

家庭月收入(元)	赋值
0~2 500	1
2 500~5 000	2
5 000~7 500	3
7 500~10 000	4
10 000~12 500	5
12 500~15 000	6
15 000~17 500	7
17 500~20 000	8
20 000~22 500	9
22 500~25 000	10

在本书的研究中，家长的教育水平作为文化资本的操作性指标。正如苏利文所说，"文化资本一词暗示了与经济资本的类比，因此是一种回报"①。文化资本的回报体现在学历证书上，并最终体现在职业成功上。这也是一个结合了实际情况的决定，因为教育水平的信息很容易直接从家长那里获得。表 6-1 显示了每位家长的受教育程度排名，从 1(最低)到 5(最高)。每个家长的文化资本分别排名，每个家庭共有 5 个等级。相对应的，家庭收入作为本书研究中经济资本的操作性指标。虽然家庭收入并不等同于教育场域的经济资本，在本书研究中使用它作为主要的参照，因为它与教育投资最相关。本书研究将家庭月收入分成十个等级，以便与文化资本的五个等级进行比较。从 1(最低)到 10(最高)的排名见表 6-2。

教育场域的两个基本维度对应了分布在其中的代理人的资本总量和构成。也就是说，中国的教育场域可以被看作是一个二维空间。纵轴是资本总量，代表文化资本和经济资本的总和。为了使两种不同形式的资本具有可比性，我对两者都使用了等级处理。纵坐标为经济资本和文化资本规模的总和，而横坐标代表资本的结构，它是由经济资本除以文化资本得到的。因此，横坐标表示文化资本与经济资本的比例。

根据这样的方法，可以把所有的家庭依照横纵坐标的值放入场域图中，见图 6-1，

---

① SULLIVAN, A. Bourdieu and education: How useful is Bourdieu´s theory for researchers [J]. Netherlands Journal of Social Sciences, 2002, 38(2): 144-166.

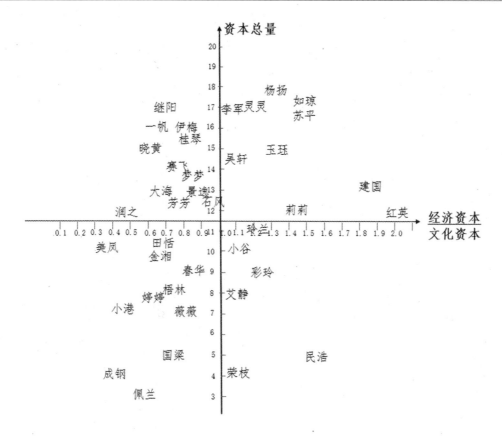

图6-1　家长在教育场域中的位置图

该图显示了所有家长在这个二维场域图中的分布情况。需要注意的是，场域位置并非一成不变，而需要根据家庭的不同实际情况进行调整。该图为下一章的惯习的分析奠定了基础。

从图6-1可以看出，不同的代理人的场域位置存在差异。参与的家长分布在这个由资本总量和资本构成定义的二维空间中。从纵轴纵向坐标看，家长的纵坐标的值决定了其纵向位置，代表其总的资本数量，即文化资本和经济资本的总规模。位于坐标轴上半部分的家长的资本总量高于平均水平，而位于下半部分的家长低于平均水平。绝大多数的家长的资本总量位于相对中等的水平。

而水平位置代表了他们的资本构成，即他们的经济资本与文化资本的比例。水平位置的中点为1，表示经济资本规模与文化资本规模相等。位于图右半部分的家长拥有的经济资本多于文化资本，而位于左半部分的家长拥有的文化资本多于经济资本。参与者越靠近图的边缘，两类经济资本的不平衡就越严重。例如，红英的资本构成极为不对称，她的经济资本远远大于文化资本。

这样的场域图把家长全部按照资本占有情况放置在同一张图中。本书研究非常关注这种场域位置对于他们家庭教育投入的决策的影响，以及他们的决策和实践反过来又会怎样影响到场域的结构。在下一章会对此进行深入的解读。

第三节　帮助理解惯习的本土概念

惯习的概念可以解释家长们关于家庭教育投入的做法，但是如果考虑到家长所处的社会历史文化因素，则需要把惯习的概念和中国传统的文化理念结合起来。这一节主要解释为什么要借鉴中国本土的谚语与俗语，特别那些与儒家传统相关的隐喻。

惯习的概念不足以解释中国家长的教育投入实践，这是因为尽管布迪厄的理论有很强的解释力，但是惯习只是解释实践的关键条件之一，其对实践的贡献还取决于一些其他的方面[①]。布迪厄自己已经引入了其他概念，如强调惯习的建构功能的"策略"等等。但必须看到，21世纪的中国与布迪厄的研究所处的20世纪70年代的法国所代表的时空背景完全不同。在本书的研究中，有必要融入中国社会文化的元素，以充分运用惯习的概念。在本书的研究中，家长使用了许多中国的谚语、表达和隐喻，这些已经成为中国教育场域不可分割的一部分。因此，对它们的使用进行了更深入的分析，以增加布迪厄理论在中国语境中的运用价值。

一、"不要输在起跑线上"

中国有句谚语叫"不要输在起跑线上"，该谚语把教育比作跑步比赛，想象所有人有一个共同的像"起跑线"那样的起点，在教育过程中同时同地出发，而目标就是在比赛中获得胜利。

下面的例子能够说明该谚语是如何展现中国传统的文化信仰，又是怎样帮助我们把布迪厄的理论概念应用到实践当中的。红英是笔者所采访的一位家长，她对女儿的学业成绩非常担忧。虽然她评论说目前的家庭教育投入并没有让情况好转，但是她仍旧坚持在投入，她解释说：

---

① RAWOLLE, S., LINGARD, B. The sociology of Pierre Bourdieu and researching education policy[J]. Journal of Education Policy, 2008, 23(6): 729-741.

　　红英：不投入？从来没想过！不能让我们的孩子输在起跑线上。

　　要理解红英的家庭教育投入观念，就要理解这句话的含义，即"不能让我们的孩子输在起跑线上"。这是一个很中国式的说法。虽然从非中国视角解读这句话也能解释得通，比如西方的个人主义更强调和相信个人努力，认为努力是区分人和成就的因素，但这样做是不符合中国国情的。由于这种理念已经成为教育投入的一个部分，所以在本书的研究中需要做更多的工作，通过仔细探索这种文化所承载的表达来将布迪厄的惯习概念本土化，这样才能真正从中国的本土文化中理解家长的所作所为。

　　在这个起跑线的比喻中，教育是竞争性的，在其中人们有机会赶上别人，甚至获得领先的位置。这种信念可以追溯到科举时代，当时教育是实现社会阶层流动的主要手段（详细论述见第三章）。此外，国家提供免费义务教育和强调教育公平，这个事实也解释了为什么人们相信每个人都有一个共同的起点。基于儒家孝道伦理的中国家长在与子女之间的密切关系上有别于其他文化的家长。中国家长无法承受孩子教育失败的后果，一方面是因为他们会被批评为不负责任，另一方面是因为如果他们的独生子女收入较低，他们晚年可能会有不安全感，并且也会影响子女幸福感的获得。在这种情况下，这个表达是一个隐喻，代表了一种主流文化叙事。

　　重要的是，这个比喻是面向家长而不是学生而创造出来的。家长经常用它来强调他们有责任为孩子提供良好的教育机会，也就是说，不让孩子一开始就落后是家长的责任。然而，从布迪厄的视角看，并没有所谓的共同的起跑线；孩子们已经被安排在不同的队伍后面，按照他们的家长在场域上的位置进行行动。由于家长拥有不同类型与数量的资本，他们的孩子在教育场域中已经处于不同的地位。

　　然而这个起跑线的比喻已经深深植根于许多中国家长的心中，并反映在当代的教育观念中。自越来越多的教育机会出现，家长可以选择各种各样的课外活动，以提高他们的子女在竞争中的优势地位；而如果他们不努力，就容易被其他快跑的人落下。因此，有必要在讨论家长的惯习的时候，研究这种"不要输掉比赛"的感觉与他们在场域中位置之间的关系。

二、"吃苦"

另一个有助于分析惯习的重要本土概念是"吃苦",即忍受困难。"吃苦"背后的逻辑是努力工作才会有回报,其精髓可以用中国谚语"苦尽甘来"来形容。人们选择忍受痛苦,是因为他们想要得到甜蜜的回报。另一句谚语更明确地表达了这样的期望:"吃得苦中苦,方为人上人。"也就是说,人们必须愿意为实现长期目标而做出短期牺牲。

这一理念经常应用于教育场域,表达了这样一种观点:一个人必须准备好勤奋工作才能取得好的结果。在这里,教育被视为一个艰难的过程,需要努力工作和坚强的意志才能成功。因此,人们不断地投资于教育,因为他们相信今天的痛苦会在未来结出甜美的果实,例如获得更多的知识,良好的品格或是一份好工作。吃苦的观念解释了为什么中国学生和家长对教育抱有很高的期望,并为此付出了极大的努力。他们将教育视为实现美好生活的工具,以及通往社会流动的途径。

吃苦的概念在理解惯习方面很有用,因为它传达了人们对教育的信念和期望。家庭教育投入可能针对的是市场上的各种机会,而这些都提供了吃苦的可能性。这个概念提出了一个问题:究竟谁在吃苦?为什么?通过惯习的视角,可以看出吃苦与人的场域位置有关。也就是说,人们吃苦不仅是因为他们所处的环境重视吃苦,还因为他们能够预见到吃苦的潜在结果。这种期望是他们自身经历的结果,但他们也需要一定的经济和文化资源,使他们能够吃苦。

在当代中国,吃苦的价值可能正在发生变化。有可能人们根据自己的经历对吃苦产生了不同的理解。此外,曾经的独生子女政策改变了家庭结构。一方面,家长对教育有很高的期望;另一方面,他们往往更关心孩子的幸福,并给予他们更大的自由来选择他们从事的活动。考虑到这些变化,"吃苦"的传统价值观可以帮助我们理解处于不同社会地位的人们的经历,以及这种价值观是如何塑造他们的惯习的。

总之,这些本土概念反映了某些关于教育的观念和信念,在这重要的社会文化变化的背景下,可以帮助我们更好地理解家长在家庭教育投入方面的惯习。下一章结合这些想法,提出了一个更复杂的家庭教育投入的图景。

第四节　小结

　　本章为第七章的分析奠定了理论基础和实证基础。该章解释了对布迪厄惯习概念的理解，以及如何用它来理解家庭教育投入，并介绍了一些中国的本土概念，这些概念有助于在中国社会文化背景下理解和应用惯习。本章还提供了基于家庭资本构成的场域位置图，而下一章对策略的讨论就是基于这些基础。

第七章：家庭教育投入中的策略

第六章解释了本书研究第三步中探究惯习的重要性，并绘制了参与本书研究的家长在教育场域中的具体位置。此外，还讨论了本书研究是如何利用中国的本土概念来使用布迪厄的惯习的概念，使之适应中国的教育场域的。在此基础上，本章将对家长的惯习进行具体的分析，探讨不同类型的家庭对于家庭教育投入的策略与复杂实践。

本章对 J 市这一案例进行分析，主要解释家长的家庭教育投入与他们在教育场域中位置的关系。使用惯习这一核心概念的意义在于把家庭教育投入与代理人所在的场域位置联系起来。这种联系包含双重含义：一方面检验代理人所在的场域位置对其教育投入策略的影响，另一方面则探究这些教育投入实践对场域结构的建构作用。在分析惯习的过程中，本书研究着重概括不同场域位置上人们策略的共同之处，并且分析不同场域位置上策略之间的区别。这种概括与比较能够提供关于人们场域位置的深入理解。同时，本书研究结合了中国特殊的社会文化背景，有利于丰富对场域与惯习的理解，并对已有的理论进行补充。通过这样的方式，呈现一幅关于家庭教育投入的较为全景的深描。

本章以惯习为研究对象并以此为分类线索，因而本章围绕这些场域位置进行组织。目的是了解家长的场域定位是否以及如何影响他们的教育投入方面的实践，以及他们的实践如何重构场域。在教育投入方面的实践包括家长对教育投入的想法、期望、策略以及对教育投入的思考。本书研究发现，场域位置相似的家长具备相似之处。根据教育投入所扮演的角色不同，本章着重分析两种场域位置上的家长，并分别对每种类型的家长进行讨论。

第一节 "我们必须学习"

在本书研究案例的教育场域中，很多家长有这样的一种感觉：他们不得不进行家庭教育投入。由于这些家长在实践上的相似性，在本书研究中被看作是第一类家长。理解这些家长为什么认为家庭教育投入已成为他们的"义务"，具有重要的理论意义。因此，本章的这一小节用来深入探究这一类家长的教育观念、期待与策略，并在分析之后概括其特征，与其场域位置相对应。

一、"教育是唯一的出路"

这一类家长视家庭教育投入为压力。值得注意的是，家长们都有一种必须参与学术竞争并且害怕落后的感觉。中国这句谚语被这些家长反复提及："不要输在起跑线上。"如上一章所论述的，这句话把教育比作一场以获胜为目标的长跑比赛，仿佛有一条想象的线，每个人都从这条线同时出发。由于这个本土概念反复出现，在本书的研究中有必要探究这种"不要输掉比赛"的感觉是如何与他们在场域中的位置联系在一起的。

家长们所承受的关于家庭教育投入的巨大压力与他们对场域的认知有关，他们认识到场域中竞争的关键在于学业成绩和考试成绩。然而，由于在这些场域位置上的家长拥有的经济资本和文化资本有限，他们普遍担心会因为缺乏价值的资本而在教育场域的竞争中落后。以薇薇为例：

> 薇薇：她在五年级，所以她必须额外学习很多科目。
>
> 笔者：你是说她必须学习吗？
>
> 薇薇：是的。否则她会落后的。和许多中国家长一样，我担心她会输在起跑线上。如果她不去额外学习，考试不及格，我会后悔自责……我希望她能上大学，然后找一份体面的工作。我很重视教育，因为教育是唯一的出路。她爸爸和我都不擅长学习，所以我们只能做低职位的工作。

场域、资本和惯习之间的关系解释了为什么薇薇觉得有义务为女儿进行额外的教育投入。她的惯习是这样形成，在这个场域的经历中，薇薇获得了这样一种"游戏感"：教育是找到一份好工作的关键。薇薇曾做过所谓的低职位工作，而在接受采访时处于失业状态。她将自己的经历归因于缺乏适当的学历，而学历恰恰是该场域取得成就的标志。在教育场域，薇薇所拥有的文化资本是有限的。因此，可以理解为什么她认为上大学是"唯一的出路"，也就是说，学历证书被视为提高一个人场域地位的途径。于是，薇薇为女儿进行教育投入，把她送到课外班学习，是希望为她提供一条不一样的职业道路。可以说，薇薇的教育投入的实践与她对自己在该场域的地位和场域规则的理解相关。

必须注意到的是，薇薇在场域中的习性核心是"恐惧"或者说"危机感"。尤其是在家庭教育投入中，她女儿的额外学习还加强了这种感受。她说：

> 薇薇：现在我女儿的数学成绩很好，这是她最喜欢的科目。但是和别人相比，她一点也不优秀。虽然数学现在对她来说很容易，但将来会变得越来越难。她需要为未来打下坚实的基础，因为没有人知道她将来能不能跟上。

很明显，薇薇担心女儿会在她最喜欢的科目——数学上落后，并担心女儿将来无法跟上学校的教育。这里可以看到，家庭教育投入并没有让她感到更自信，反而带来了更多的焦虑。正如笔者在第五章中所解释的那样，课外的教育形式多种多样，而在一些象征资本的影响下，薇薇不再满足学校所教的内容，而是认为她女儿需要学习更多，才能与同龄人竞争。

"不要输在起跑线上"这个比喻让我们更深入地理解了薇薇的情况。薇薇曾经对女儿的数学成绩很有信心，但当她把女儿和其他孩子比较时，她变得焦虑起来。这表明场域是如何成为争夺游戏利害关系的场所。学习成绩是成就的标志，也是场域地位的中心。在这个过程中，薇薇受到了课外教育的影响。她致力于比赛，并根据这些规则调整自己的策略，这已成为她习性的一部分。通过这种方式，薇薇试图推动女儿通过"起跑线"。

然而，如前所述，单一起跑线的比喻在现实中并不存在，因为它错误地假设学生的学习成绩具有相同的基础。即使存在这样的起跑线，很明显，它已经被其他进行教育投入的家庭进行了修改。因此，人们更加迫切地进行更多的教育投入，以避免落后于那些已经在竞争中领先的人。

这一类型的其他家长也共有这样一种习性。比如彩玲的回答也很有代表性。

笔者：家庭教育投入对你来说意味着什么？

彩玲：我只是想让我儿子多学点东西。因为我不能在家辅导他。我希望他能接触到更多的知识。

笔者：是因为他在学校没有学到足够的东西吗？

彩玲：不，并不是这样。这是因为如果他不懂学校教的东西，我们无能为力。

惯习的概念为解读彩玲在教育场域的立场提供了新视角。在彩玲的场域位置上，她发展出一种基于自身位置的对场域的理解，这种理解包括在场域中什么是可能的，什么是不可能的，她能做什么，不能做什么等等。基于她的场域位置，彩玲的场域中的习性也集中表现为对落后的恐惧。正如她所说，由于她自己无法提供学业上的辅导，在她的视野范围中，进行家庭教育投入，购买额外的教育服务是她能帮助儿子取得学业进步的唯一选择。她的选择再次凸显了学业成绩作为该教育场域的关键因素，以至于家长会反复衡量如何利用自身的资源来帮助子女取得更好的成绩。相比之下，其他家长可以选择其他教育方式，比如把孩子送到私立学校或海外。这将在本章后面讨论。

很明显，彩玲依靠家庭教育投入来获得场域的关键利益。这里需要注意的是，彩玲认为，相比公立学校所教的内容，反而是自己额外的教育投入换来的文化资本更有价值，也更容易获得。当彩玲的子女需要外界帮助的时候，她最先想到的并非是学校的老师。也就是说，彩玲确信有必要参与教育投入的游戏，并形成了从中获取文化资本的倾向。这样的现象非常值得注意，因为在教育场域中，关于什么样的资本和谁的资本是有价值的，存在着象征性的斗争。如果很多家庭都如彩玲一样，轻视学校获得的文化资本，而重视校外的教育投入换来的文化资本，那么将把更多的象征性权力转移到公立学校之外，而这或许会让那些极少进行教育投资的家庭处于不利地位。

换句话说，在学校之外的教育服务很可能已经产生了象征性的力量。这种趋势在这一类型的家长身上表现得都比较明显，说明这些教育产品与服务所带来的知识与规则已经被接受。而一些家长对此表示担忧，以春华为例：

春华：她最近外面的这次考试不太好，如果是以前，我肯定会非常担心，但是最近我发现她也在担心考试结果，所以我不怪她。然而，我仍然感到不舒服——她怎么能得到这么低的分数？考试多其实很好。只有这样她才能知道自己的真实位置……我不能让她走我的老路。我希望她能得到最好的，所以她需要吃苦。

春华对女儿有很高的期望，而当她的女儿没有达到她的期望时，她非常担心。值得注意的是，她关心的是女儿能否取得优异的成绩，但她并没有将家庭教育投入换来的文化资本与教育场域所看重的文化资本区分开来。这是因为这些教育产品与服务在教育场域中产生了一定的影响力，已经说服了家长去认可这些文化资本。春华的场域位置进一步说明了她的高期望。她是一个小企业主，她的丈夫是一名卡车司机。他们所拥有的文化和经济资本使她的地位处于场域图偏左下位置。很明显，春华对自己的场域定位不满意（"我不能让她走我的老路"）。这就解释了为什么当她的女儿在考试中得到不理想的分数时她如此焦虑。

"吃苦"这个比喻让我们对春华的性格有了更多的了解。她认为教育是必须忍受的痛苦，而美好的未来则是甜蜜的回报。对春华来说，问题是学习的过程有多"苦"，而不是谁定义了"苦"。春华的焦虑与痛苦很难说不是家庭教育投入带来的。因为额外的教育投入，产生了与学校教育不同的文化资本。春华将她的女儿与其他人进行了比较，这意味着她积极参与了教育场域中文化资本的竞争。而就像她说的那样，家庭教育投入带来的考试与排名为她女儿的专业地位提供了重要信息，也说明她深受这些信息和象征资本的影响。

春华的例子正如布迪厄所论述的"误认"（misrecognition）：

文化通常是误认的场所，因为，在制定客观地适应客观利润机会的战略时，投资意识确保了不需要作为利润来追求的利润；因此，它给那些把合法文化作为第二天性的人带来了额外的利益，即被视为（和自己）完全无私，没有任何愤世嫉俗或唯利是图的文化使用的污点。这意味着，"投资"这个词，例如，必须在经济投资的双重意义上理解——它客观上总是被误解的——和在精神分析中具有的情感投资的意义上理解，或者，更确切地说，在幻觉、信念的意义上理解，参与产生游戏的游戏。①

在家庭教育投入的实践中存在着误认现象。春华把家庭资本投入在了教育上，她认为这种做法是一种"吃苦"的方式。然而，这个比喻是文化的一部分，使各种形式的教育产品与服务的存在合法化。换句话说，在努力改变孩子未来的过程中，春华所认为的额外投入可以帮助其获得学业竞争的优胜，但是她在这场游戏中实际上并非处于有利地位。

春华的习性可以与她在场域位置所能够看到的可能性联系起来，她能够看到的可能性显然是有限的，例如，如她所述：

春华：如果你能在这些考试中取得好成绩，甚至得了奖，你就会获得证书。每个家长都想把孩子送到最好的中学。如果学生有这些考试的证书，他们会被优先录取。这就是为什么人们要参加这些测试。

笔者：据说目前学校只招收他们学区内的学生。

春华：虽然这么说，但是还有人有办法吧。

春华的这段话解释了她如何期待自己的子女在家庭教育投入中获得优势。她看重教育产生的文化资本，这些文化资本能够获得测试或者比赛的奖项，而这些奖励是与教育场域的游戏规则相一致的。春华很看重这些比赛的证书，因为她相信这些证书可以增加女儿在入学面试中成功的机会。也就是说，通过家庭教育投入，在学校之外也能产生文化资本，这让春华在这个场域感到更有力量，尤其当这种文化资本能让春华的子女在入学考中增添筹码的时候，春华会更加重视。

但同时应该看到，春华同样具有教育场域的"游戏感"，其背后是她为数不多的选择。正如她提到的，一些家长能够找到办法把孩子送到这些学校，但她不能。春华提到了教育投资的其他选择，比如在好学校附近买房子，或者送女儿出国，但她从没有认真考虑过。换句话说，春华在教育场域看到了机会，在有限选择的基础上，她的

① BOURDIEU, P. Distinction：A social critique of the judgement of taste［M］. Cambridge：Harvard University Press, 1984：86.

"游戏感"指引她依赖这些教育投入方式。

而当不同的教育投入方式相互矛盾时春华的选择非常耐人寻味，她提到随着年龄增长，女儿不同的教育项目有了时间冲突，她选择停掉了舞蹈课而继续学业方面的教育投入。

> 春华：学习很重要。事实上，她既应该学习学校课程，也应该学习那些兴趣类课程。如果可以的话，我应该让她两门都学……但是学校的科目毕竟是最重要的。每个人都相信这一点。

这个选择表明春华最看重的是学业表现，这种看重胜于对其他方面的重视。这一点的决策模式就把春华与场域中另一类家长区分开（后面会讨论这一类型）。但是，并不能因此就认为春华不重视舞蹈，甚至是不重视普遍意义上素质的培养。惯习可以解释她为什么做此决定。春华已经投资了一些其他形式的教育，但优先考虑学业方面的表现是她的习性，甚至已经成为布迪厄的所谓的"第二天性"。这里认为春华说"学校科目是最重要的"，其实是在表达她的习性，这是她长期的在教育场域实践获得的经验和感觉。对于她乃至这一类型的家庭来说，家庭教育投入最现实、最实惠的途径就是在中考和高考中取得好成绩。因此，虽然她知道提高某些方面的素质是值得的，但是其确定性远远不及学业表现。虽然从她的位置来看，这是一个理性的选择，但这也是唯一可能的选择。惯习使我们能够理解她的决定，而不是去对其决定进行价值判断。

二、"我们不在乎成本"

在前面绘制的场域图中，每个家庭都根据对资本的掌握而处于相应的场域位置。这里需要强调的一点是，这里场域的位置并非一成不变。由于家庭的变化，家长的社会身份、资本占有都会发生改变，这导致场域位置也会随时间发生变化。这即是布迪厄所论述的场域的不断建构。本书研究探究到几个重要的家庭，他们的惯习具有重要的意义。这里以建国和红英为例。

建国与红英的家庭都刚刚经历场域位置的变化。由于生意上的成功，他们所占有的经济资本显著增加。而这种资本的改变也导致了场域位置的变动。建国的家庭教育投入具有精心策划挑选的特征，并付出了较高的人力成本。这些都可以被看作是教育投入的一部分。建国是孩子的爷爷，他在每个周末都负责把孙子送到市中心接受教育，如建国所述：

> 建国：每个周末我们都"不远万里"来到市里，并且报名了三门课程。我们不在乎成本，只在乎时间。因为他学了三门课，所以几个小时的行程是可以接受的。

惯习的概念有助于帮助理解这个家庭的教育投入，他们在对教育投入的对象上是高度筛选的，建国一家住在J市下辖的县里，虽然县里也有教育资源，但是建国解释道，那些并不能满足他们的要求，他们更信任"大城市"的教育。为此，全家做出重要的决策，每周日都要花几个小时往返于家和J市，到市中心来学习。这样几个小时的路程在J市这样一个并不大的城市里甚为少见，也足以见得建国一家的决心。惯习可以解释这个家庭在教育投入中的习性，为了获得成就的标志，他们直接去J市寻找最好的教育资源，为此宁愿多投入时间、精力、人力，这种对教育产品与服务的选择说明其对场域成就的重视，以及务必要在竞争中脱颖而出的决心。正如建国所解释的，将家庭经济资本形式的优势转化为子女文化资本的优势是一种"责任"。建国相信这个场域的核心游戏规则，也就愿意用高投入来换取高回报。

这种决心和信念甚至不随着场域变化而改变，例如，笔者在访谈中提到场域中招生考试政策相关的变化，建国却说他们家一致商议过，这些变化并不能改变他们的教育投入决策。

> 笔者：初中已经没有入学考试，这对你的决策有影响吗？
> 建国：完全不影响。
> 笔者：为什么？
> 建国：这对我们一点影响都没有。政策改变是国家决定的，但这与我们无关。我们想让孩子获得最好的学习，我们从未改变过我们的想法。
> 笔者：你的意思是你不会随着改革而改变吗？
> 建国：对啊。不管教育体制如何变化，如果你不让孩子学习知识，你就是对孩子不负责任，对吗？

　　由这段摘录可知，尽管考试制度发生了变化，弱化了升学考试与竞争，但是建国一家并不会改变自己的想法。这也表明，这个家庭高度重视该场域的利害关系。这样的立场务必要从这个家庭的场域位置来理解。据建国讲述，孩子的家长生意发展得好，也积累了一些经济资本。从场域位置上看，他们刚刚从场域图的下半部分移动到中间甚至上半部分。而家庭教育投资是他们寻求将经济资本方面的优势转化为教育场域的利益的方式。这使得他们的教育投入决策不会轻易受到场域变化的影响。

　　无独有偶，建国的案例在本书的研究样本中有一个有趣的对偶。红英也是通过小本生意刚刚过上物质富裕的小康生活，而她表现出和建国相似的对子女的期待。不同之处在于，这种期待与投入甚至带有外人眼中的"盲目性"。红英也认为进行家庭教育投入是必要的，而值得注意的是，尽管成绩不理想，红英依旧坚持她的投入策略。

　　红英：我女儿从初一学到初三，但是她的考试成绩一点也没有提高。

　　笔者：那么，你有没有想过不做额外的教育投入？

　　红英：绝对没有！我不能让我的孩子输在起跑线上，她会在上高中后继续学，直到毕业。她的父亲和我都愿意为我们的女儿付更多的钱。赚钱的目的是什么？只是为了孩子。

　　红英的教育投入策略看似是"盲目"的，但考虑到她在场域中的经历，就不难理解了。红英特别强调教育对改变家庭社会经济地位的重要性。她和丈夫一起经营一家小商铺，近年来他们赚了一笔小钱，经商积累的经济资本使她物质上更加丰盈，达到初步的富裕。然而，她不希望女儿继续做生意，而是希望她接受良好的教育，以便获得一份"白领工作"。她解释说，只有受过良好教育的人才会受到社会的尊重。因此，她投资教育，以实现社会阶层流动和舒适的生活。因此，对红英来说，教育投入本身是抓住教育场域内的机会，在场域中获得关键筹码的重要方式。不考虑学习效果继续进行教育投入看似不理性，却是她完整的教育投入理念影响下合理的一环。

　　红英在回答中多次强调"不要输在起跑线上"的重要性，这也解释了她的投入策略。在这个关于起跑线的比喻中，最突出的是家长的焦虑与对输掉比赛的恐惧。红英在不断与其他孩子进行比较，力求自己的子女在教育方面不输，而这种压力也就传导到家庭中，因而为了取得相对优势，红英愿意大量投入。这同时也涉及社会资本，因为红英的商铺所在的商场中多数家长都在进行教育投入，这就使她更坚定了自己的信念。不过，令人沮丧的是，事实上红英的女儿在学校的学习中已经落后了。

　　笔者：你女儿在学校学习情况怎么样？

　　红英：特别糟糕！我女儿听不懂，但她也不敢问。

　　红英把女儿送到一所私立学校，希望能接受良好的教育，但她的女儿没能跟上那里的教学。她断言，为女儿提供良好的教育远比做买卖困难。她的不安情绪是理解她的投资策略的核心。在教育场域，红英的知识、技能、生活经验等资源被贬低、被排斥。因此，她倾向于依赖其他代理人，如主流学校或其他私人机构，以获得该场域的关键筹码。她不得不依靠家庭教育投入来获得该场域的有价值的资本，尽管她的投资没有得到任何回报，但她仍然要坚持下去。于是，红英投资教育，帮助女儿迎头赶上。然而红英对起跑线的理解不仅让她感到焦虑和压力，也成为她的信念所在。她决心当女儿在教育中处于劣势的时候用经济手段来帮助她，尽管结果是令人失望的。

　　红英和建国的案例在理论上很有趣。他们认为有必要进行家庭教育投入，并将良好的学习成绩视为获得教育场域核心筹码的关键。虽然他们与前面所述的家长在场域中的位置不同，但是他们在场域位置变化之前或许就如此。正如布迪厄所强调的，惯习的形成需要时间。我们不仅需要了解他们目前的位置，还需要了解他们以前的位置。红英和建国最近在生意上取得了成功，因此可以被称为"新富"。他们在教育投入方面的做法应该根据他们位置的变化来解释。

三、"改变命运"

　　除了上文提到的红英与建国之外，还有一类家长也与这些家长相似，都秉持着"必须学习"的心态，但是却处在不同的场域位置上。他们在总的资本占有量上较少，因而处于场域图的相对底部位置。多数处于这一范围的家庭不会进行额外的教育投入，但是也有例外。

　　佩兰就是这些家长中的一个例外。她曾经为儿子进行过一段时间的教育投入，但是之后就停止了。佩兰的经历也从侧面反映了场域的动态特性。而这里的重要问题是，佩兰根据什么做出决策以及决策背后的情绪情感变化。佩兰的家庭属于典型的困难家庭。佩兰的四口之家收入较低且不稳定，由于夫妻的身体健康状况欠佳，尝试过多种方式维持生计。目前佩兰为别人照看房屋，丈夫做一些体力活。这样的家庭在本书的研究样本中属于较为少见的。但令人意外的是，与以往研究的假设相反，佩兰并未忽视家庭教育投入，反而十分重视。佩兰曾向亲戚借钱为大儿子支付教育投入的费用，然而，三个月之后由于这个亲戚无法继续提供帮助，佩兰不得不放弃。目前她的大儿子在学校成绩还不错，但是佩兰一直为自己的放弃感到自责，为未能给儿子最好的机会而感到非常内疚。

需要惯习和资本共同来解释佩兰的经验。惯习解释了佩兰为何宁愿借钱也要对孩子进行教育投入，并可以解释当她无法继续时所产生的负罪感，这是佩兰在这个场域中的"游戏的感觉"。她清楚地知道在条件允许的情况下应该在教育场域中争取更多的筹码，她也相信教育投入可以提高获得利益的机会，因此她才会对目前被排除在外的状况感到焦虑。而目前的资本状况是她不再继续投入的唯一原因。在接受采访时，她多次强调教育的重要性，如果有机会一定会再继续教育投入。尤其值得注意的是，曾经的教育经历给佩兰留下很深刻的印象。

> 佩兰：那儿的老师告诉我，他（我儿子）很聪明，很有才华。他甚至在竞赛中获得了两个奖项……当我儿子三个月后离开时，老师说："真遗憾。"他建议他继续学习，否则他的天赋就会被浪费掉……我很不好意思告诉他我们为什么不能继续学习……

其实，与佩兰相似场域位置的其他家庭与她有较大的不同，其他的家庭都少有对家庭教育投入的想法或尝试。佩兰的不同主要是因为这一段为期三个月的短暂经历，让佩兰看到了教育投入的回报。她的儿子甚至在比赛中获得了奖励。这让她产生了很大的改变，据她所述，之前并没有觉得家庭需要额外在教育上做些什么，但是现在她的想法改变了。她对教育投入的新信念是通过家庭的短暂经历而形成的。

佩兰短暂的经历使她有别于其他类似场域位置的人——成钢、荣枝、国梁。成钢经历了一个家庭成员的重病，所以除了基本的文具和练习本，他负担不起任何额外的教育投资。荣枝离婚后经济困难，不得不把儿子交给婆婆照顾。国梁对儿子的公立学校很满意，所以没有想过需要其他的投入。这三位家长或者没有感知到教育投入的重要，或者因家庭因素的限制而没有详细考虑。佩兰曾经是其中之一。然而自从发现儿子取得进步之后，她感到内疚。这些遭遇改变了佩兰在场域中的习性。现在，佩兰感到特别羞愧，不好意思向老师解释为什么她的儿子不得不离开。这反映了与贫困有关的耻辱，其含义有助于解释她的场域立场。

"起跑线"的比喻也解释了为什么佩兰觉得有必要投资教育。这个比喻强调了家长在让孩子为想象中的"起跑线"做好准备方面的作用。佩兰将儿子在课堂上的落后归结为她没能通过投资教育的方式让儿子为比赛做好充分的准备。教育投入本是额外的教育形式，却已经获得了这样一种象征性的力量，让像佩兰这样的家长认为它是必须的。正如那句中国的俗语所述，"再苦不能苦孩子，再穷不能穷教育"。

在 20 世纪 70 年代和 80 年代，中国作为一个欠发达国家刚刚开始投资教育时，"再穷也不能穷教育"这句话很流行。在经济改革的第四个十年中，这一口号至今仍在使用。虽然这些改革给许多人带来了更好的生活，但仍然有像佩兰这样的家庭刚刚脱离贫困。他们通过教育改变生活的愿望只会变得更加强烈，因为他们面临着如此多的机会。在教育场域，随着"起跑线"向前推进，对高学业成绩的竞争变得更加激烈。如果没有投资，那些处于不利位置的运动员更有可能输在"起跑线"上。佩兰的案例表明，这些因素是相互关联的：一些家庭的劣势是由于缺乏资本和惯习而系统地产生的。由于经济资本有限，这些家庭被排除在教育投入之外。

综上所述，这第一类的家庭具有很多共同之处。他们的位置大多在场域图的下半部分，见图 7-1，他们的总资本低于样本的平均值。薇薇、彩玲和春华的例子表明，这些家长很可能受到教育投入中获得的文化资本的影响，因为他们认为教育是改变自己不利地位的重要甚至唯一选择。尤其是在诸如"不要输在起跑线上""吃苦"等观念的影响下，这些家庭对于家庭教育投入有很深的认同，认为这是作为家长的责任，是必须要付出的。然而，与后面一类家长相比可以发现，他们对于教育场域的理解全然不同。

第二节　"条条大路通罗马"

前一节主要讨论第一类型的家长，他们多数积极参与家庭教育投入，并把教育投

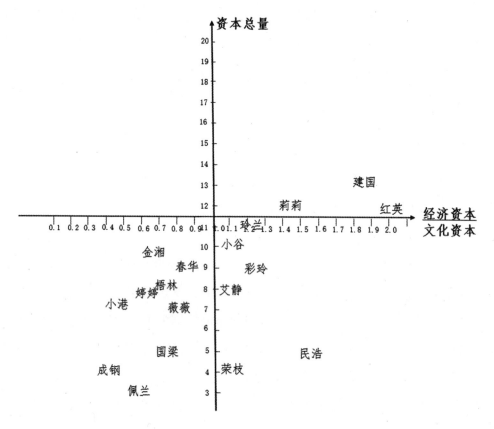

图 7-1　第一类家长的场域位置图

入与改变子女的命运的期待联系在一起。而这一节要讨论的是另一种类型的家长。这第二类的家长不仅拥有相对而言更多的资本数量，而且还密切参与了素质的培养。虽然这两个类型在场域地图上并没有非常明确的划分，但是两种类型的家庭确实分属于场域图的不同部分。惯习有助于观察这些家庭的教育投入实践与其场域位置之间的相关性。无论进行何种形式的教育投入，这一类的所有家长都有一些相似之处：他们都很重视子女的教育投入，但是更多的关注点在综合的发展上面。

一、获得"素质"的多种途径

第二类家长由于场域位置的相似而具有相似的习性。虽然他们也关注子女的学业成绩，但是非常重要的是，他们并不认为教育投入是以应试为导向的。相反，他们认为家庭教育投入重在培养素质。虽然这些家长整体上并不否认学习成绩是教育场域成功的关键，但是无论其子女是否成绩优秀，他们都没有表现出像第一类家长那样的担心，也鲜有关于"输在起跑线上"的焦虑感。

杨扬：我儿子上三年级的时候，他只能靠背标准答案来做数学题。如果老师告诉他答案，他可以记住。但如果老师改变数学问题中的数字，他就会不及格……自从他开始在外面学习以来，他终于开窍了！他不需要记住答案了，因为他已经理解了，他会自己思考了。

杨扬就是这样的例子。杨扬为儿子学好数学进行了家庭教育投入，但是他在言语中一再强调这是为了培养素质。他认为家庭的教育投入是通过理解能力和思维能力从而在数学上有所帮助的。换句话说，杨扬认为这个教育场域中游戏的利害关系不仅仅是学习成绩，而是背后呈现的能力。所以他在入学考试已经取消的情况下仍旧坚持进行投入。这说明他认识到素质的内在价值，并一以贯之地运用在自己的教育策略里。

追求素质可以看作这一类家长们为了保持自己的场域地位而采取的一种策略。当他们面对教育场域的变化时，他们沿用这种策略来适应这个场域。寻求素质的策略是基于他们对场域中"游戏的感觉"。他们中的一些人，比如桂琴，对此有明确的表达。桂琴认为，提高学习成绩并不是家庭教育投入的根本目的。她一再强调，她并不担心短期的成绩变化，因为目前的考试成绩并不能体现学习成果。相反，她认为这些教育投入最终目标是培养女儿的中文能力，比如她提到的作文写作。

笔者：您刚才说不是为了考试？

桂琴：对啊，不是为了考试。目前，考试成绩根本看不出什么，但她的潜力已经被挖掘出来了……考试成绩可能还没有提高，但你需要关心的是她是否获得了这些能力，这是最关键的。比如她是不是真正理解如何写作文……我给她教育投入，主要是为了开阔她的视野。我希望这些经历能提高她的综合能力，这样她就能发展生活技能。

应该指出的是，桂琴其实是承认学术成绩是该场域的关键利益的。然而与第一类家长不同，她对孩子的学业成绩表现出了自信和放松的态度。她能够容忍结果的不确定性，并且愿意等待长期的学习效果的产生。桂琴认为语文不仅是一门学科，而且是另一种文化资本——素质的来源。此外，她不仅要让孩子学习语文，还要学习钢琴和舞蹈，她认为这些活动对培养良好的个性很重要。在所有的这些实践中，素质是桂琴价值观的核心，她将素质视为教育场域的关键利益。

桂琴的个人经历可以解释她的这种习性。她是一名退休的音乐教师，为了能够适应这个场域，她重视唱歌、跳舞和表达自己的能力。家庭教育投入因此被用作与人交往并维持其家庭的场域地位的策略。而对素质的追求也可以解释为一种布迪厄笔下的"区隔"，这在后面会讨论到。

这种围绕素质展开的教育投入在这一类家长身上非常普遍。他们把素质看作是这个场域的重要利害关系。这些家长与杨扬、桂琴有着相似的习性，尽管有时他们在家庭教育投入方面做出了截然相反的决策。例如，玉华曾经送她的儿子去学写作文。但当她发现儿子的作文写得缺乏真情实感时，她于是决定停止投入。

玉华：很明显，课外的老师让他这么写的。他抄袭老师的观点，按照给定的模式写了一篇作文。人们说中国人缺乏创造力，如果他们严格遵守这些规则，他们怎么能培养创造力呢？因此，我不再送他去上这门课了。

玉华非常看重孩子的批判性思维能力，当作文教学不能培养孩子的批判性思维能力时，她甚至愿意牺牲儿子的学习成绩。她在采访中解释说，虽然儿子在书面写作上表现不佳，但她能够接受这个结果，完全没有后悔让他退出。此外，玉华还描述了在英语学习方面的类似经历。她认为口语是语言习得的关键，但是他们参加的声称提供口语教学的机构实际上只是为了考试死记硬背，她也因此放弃了那边的课程。在玉华的例子中，批判性思维能力、沟通能力、阅读能力和写作能力可以被解释为素质，她把素质看成是场域中的关键，这与杨扬、桂琴的习性非常相似。

与第一类家长不同的是，当玉华做出决定放弃的时候，她并没有害怕儿子落后，反而表现出自信和冷静。可以说玉华愿意拿儿子的学业表现冒险，但当儿子考试成绩不理想时，她也并没有惊慌。她位于场域地图右上方的位置，这可以解释她的心态：作为一名当地大学的中文教师，她优先强调批判性思维、阅读和写作能力。与此同时，她对自己在这个场域的能力的自信体现了她的经济和文化资本。这使她能够忍受不确定性，并利用她的"游戏感"去追求她在比赛中最看重的东西——素质。

此外，惯习也不能与资本的占有完全分开。玉华的资本使她能够实施自己的战略。

具体来说，她能够通过亲自辅导儿子，将自己优先考虑素质的习性付诸实践。她强调说，虽然她没有送儿子去接受别的教育，但她觉得培养阅读的兴趣很重要，并为他提供了许多书籍。

> 玉华：不学那些并不代表我不关心他的功课。我相信人可以在很多地方学习。我儿子家里有很多书……在他自己的房间里，我们有一面墙的书架。他读很多书，有时比我还多。

玉华认为阅读可以获得理解能力并收获广阔的视野，所以每当她的儿子花时间读书而不是看电视娱乐时，她都会表扬他。通过这种方式，玉华帮助儿子在校外获得了文化资本。如前所述，玉华拥有文化资本在这一场域具有的优势，这体现在她鼓励和支持儿子享受阅读的一系列努力中。而拥有文化资本也使她对自己应对竞争充满信心。因此，她不像第一类家长那样对可能出现的成绩问题忧心忡忡。

一个类似的例子是一个父母双方都是医生的家庭。父亲李军表示，他们很少对儿子进行教育方面的资金投入，但是儿子在学校的各科成绩都很好，李军把这归因于家里的阅读惯习。李军认为，很多额外的教育服务对他们来说是不必要的，因为他们可以用自己的方式培养儿子。他自信、轻松的态度和玉华、桂琴很像。

> 李军：我妻子坚持要他阅读。每次我们到家，我们都会看书而不是看电视……我儿子喜欢读书。他买了很多小说，他喜欢和妈妈讨论，比如他喜欢看著名演讲的稿子，他妈妈在本科学习期间就很擅长演讲，所以他们可以交流意见。

这类家长很多都和李军一样，并没有对子女的学业成绩表现得非常在意，并且认为家庭在这方面的投入或许有必要，却并非必须。这与他们对素质的重视形成鲜明对比。用布迪厄的理论看来，素质被这些家长当成该场域的关键利益，并且他们通过不同的途径实现了这一目标。无论她们是否对学业进行教育投入，她们都将素质视为一种重要的文化资本形式，并制定了自己的策略来为子女获得它。正如前一章所讨论的，由于素质是当今教育场域的一种重要的文化资本形式，拥有素质的人自然占据了场域的优势位置。换句话说，这些的惯习和场域之间存在匹配。正如布迪厄所说："当惯习遇到一个产生它的社会世界时，它就像一条'水里的鱼'：它感觉不到水的重量，它认为自己周围的世界是理所当然的。"①这一类的家长在教育场域中明显地感到舒适，因为他们了解素质的价值，并且有办法去积累这种形式的资本。因此对学业上的投入对他们来说不是必不可少的。然而，这并不意味着他们的家庭教育投入在塑造教育场域方面的作用应该被忽视，下文将对此进行讨论。

二、制造不同："考试成绩是最不重要的"

布迪厄在讨论惯习时强调，人在场域中的实践不仅会受到其场域位置的影响，还会反过来塑造场域。通过前面的分析讨论发现，第二类的家长在其场域位置的影响下有着类似的教育投入方面的行为模式。不仅如此，这些家庭在教育投入上的实践也对教育场域产生了影响。

当谈及教育投入，这些家长把他们的教育投入策略与其他人进行了区分与比较，通过这种方式，他们再次明确了自己的立场，也把自己与其他的家长进行了区分。从这个角度来看，就能够理解人们为什么强调他们并非为了考试成绩而进行教育投入，其中的伊梅就是一个很好的例子。

> 伊梅：我给她更好的教育不是为了成绩，我为了什么？是希望她能够适应社会，适应未来的发展。我在做一个母亲该做的事。既然我有这个能力，我就要帮助她。孩子的成功并不取决于她的学习成绩好坏，更多的是取决于个人能力。

伊梅的回答具有很典型的"矛盾性"。一方面，伊梅为女儿的学习成绩感到骄傲。她举了几个女儿在全国作文比赛中获奖的例子，这其实能够看出她承认学业成就的重要性。而另一方面，她也强调家庭教育投入的目的不是为了提高学习成绩，相反，她认为其目标应该是帮助女儿发展"个人能力"，使她能够适应社会。对此，她还进行了很具体化的描述，例如她希望女儿对中国文化有一个很好的了解，以便她出国旅行时

---

① BOURDIEU, P., WACQUANT, L. J. D. An invitation to reflexive sociology[M]. Chicago：University of Chicago Press, 1992：127.

可以讨论中国文化。很显然，这种对个人能力的强调是非常依赖她的场域位置的，对于那些没有经济资本和文化资本送子女出国读书或旅行的人来说，这样的愿景并不在考虑范围。所以，其实伊梅通过对价值的优先顺序的强调，已经无意识地把自己的女儿和其他孩子区分开来。

诚然，这些家长似乎更看重素质，但分析可知学习成绩和素质其实都很重要。苏平可以作为这种价值评判的典型案例。苏平在这里强调了素质的重要性。尽管她的儿子在学校的功课不是很好，但苏平更希望他花时间练习钢琴和滑雪，并解释这样他就可以发挥自己的才能，避免压力。这种优先选择与其送儿子出国留学的计划有关。苏平不喜欢中国的教育体系给孩子带来的压力。

> 苏平：我儿子的考试成绩不太好，但也没关系。他每天非常忙，做完作业后，他需要练习弹钢琴。我还送他去学滑雪，夏天他放学后练习基本的滑雪技巧，这样他就能在冬天滑得好。这就是他没有多少时间学习的原因……考试最不重要。我儿子考试成绩不太好，但我认为没有必要得满分，否则他会太累……这些课程（钢琴和滑雪）比语文和数学更重要。

苏平在场域图中位于较上方的位置，这意味着她所拥有的经济资本和文化资本让她看到许多教育的可能性，因此不认为考试成绩是该场域的唯一关键。苏平是一名中学教师，而她的丈夫是民营企业主，因此，他们不仅有足够的经济资本来支付不同类型的教育，也有足够的文化资本。本书的研究认为，苏平的决策是基于她对所有资本形式的评估，她所产生的自信的倾向体现为惯习。这使得苏平对这个场域规则的理解不同于那些把考试成绩作为"唯一出路"的人。

尽管如此，我们还是应该探究清楚苏平所说的"考试最不重要"是什么意思。虽然她没有要求儿子有完美的表现，但她其实有底线。因此，绝不该把这句话解释为苏平根本不在乎考试。由于儿子的学习成绩尚可，她对儿子在其他活动上投入时间和精力感到放心。然而，当她儿子的学习成绩令人无法接受时，她立刻就会投入到学业的学习上。

> 苏平：他以前英语考试只能得 20 到 30 分。自从他开始学习，他的成绩

一直在 90 分左右。如果他不学就会落后了。虽然我不在乎分数，但也不能毁掉他的自尊。为了他的心理健康我们必须让他学习。

这个例子表明，苏平其实在教育投入上使用了组合的策略。在学业科目上有需求的时候就会对学业方面进行投入。这种策略其实很实用主义。她的惯习不仅让她明白了学习的重要性，也让她看到了什么时候需要额外的帮助来取得学业成就，并且很清楚什么形式的帮助是有效的。这就是为什么她的儿子能够在学校排名中保持相对优势。换句话说，"考试最不重要"这一说法反映了一种象征性的力量，即把素质视为比学习成绩更可取的文化资本形式。就这样，苏平其实有意无意地夸大了自己与他人的区别。

其他家长也有类似的倾向，他们非常重视学习，却贬低强调学习成绩的做法。比如，吴轩强调通过考试和上大学并非唯一选择，他们把儿子送去学习绘画、游泳和篮球等兴趣爱好，因为他们相信这些活动有助于能力和个性发展。

> 吴轩：培养一些爱好对他来说更重要，这对他的能力和个性发展都有好处。他不应该为了追求学习成绩而盲目投入。很多家长不得不在这上面投入，没办法，因为他们感到了入学考试的压力。有些家长受别人的影响，发现除了他们其他所有人都在学习，但其实他们本身并不重视教育。
>
> 杨扬：当取消入学考试时，一半的学生放弃了教育投入，但我们没有。只能说那些家长太功利了。

吴轩将培养素质与提高考试成绩进行了对比，并强调自己更重视前者。这再次反映了他在场域中的优势位置。吴轩是当地教育部门的一名公务员，他很容易获得有关教育改革的信息。他知道在这个场域什么是重要的，以及最近有哪些政策变化，这使他有资格接触文化资本。就惯习而言，能够解释他一方面重视教育，另一方面却不认为考试是教育的唯一重要方面。

此外值得注意的是，吴轩不断地将自己与他人区分开来。他通过对比强化了素质的象征意义。他几乎明确指出，那些只重视成绩的家长在智力和决策能力上较差，只是因为外界影响才进行教育投入。杨扬的例子也具有相似的特点，杨扬将那些在学业上有所投入的家长称为功利主义，却无视自己在政治、文化和经济资本上的优势地位，以自己的标准来解读他人的行为。换句话说，比起那些只追求考试成绩的人，杨扬认为培养素质是一种更高级的习性。

　　但事实上，通过前面对第一类家长的分析可以看到，他们并非不重视教育，也不是忽视素质的培养，而是自身给予教育资源的能力本就有限。吴轩和杨扬也许并非有意诋毁第一类家长，但是他的态度其实是把更懂教育的自己和其他家长区分开来，用这些差别来解释他们行为决策的差别，却忽略了他们本就处于场域的不同位置上。虽然家长可能是无意识地做出这样的区分，但这其实强化了第一类家长的不利地位。教育场域的结构就在这种有区别的实践中逐渐改变的，象征资本的拥有者在给予别人负面态度时，含蓄地把自己描绘成更有教育智慧的家长。这种区分其实就是布迪厄所讨论的"区隔"：

　　　　这种对支配必然性的权力的肯定，总是意味着一种正当的优越感，凌驾于那些仍被普通利益和紧急情况所支配的人之上，因为后者不可能在毫无理由的奢侈和炫耀性消费中同样蔑视偶然事件。[1]

　　强调家庭教育投入是为了培养素质其实就是布迪厄所说的"优越感"，因为第一类的家庭在教育投入中所优先考虑的是基本的需求，比如对于学业成就的保证。而当第二类家长忽视他们所在的优势位置，去比较两类教育投入策略的时候，其实是再制了这种区隔。家长追求的素质培养需要很多先决条件，不仅关乎家长的教育观念和价值，也关乎他们在场域中能够看到的可能性，但是家长们过去强化这种区隔的过程中，是把他们的优势地位误认为个人的美德了。这种误认是有问题的，因为其实他们在追求素质之前甚至已经在学校中保证了学业成绩的获取。这类家长的子女普遍就读较好的学校，对所在学校的教育感到满意。这就使得他们在家庭教育投入中不必过分担心学业方面的问题。

　　所以可以谨慎地得出结论，第二类家长其实是本书的研究中偏向于精英群体的一部分，他们的场域位置见图 7-2。本节展示了这些家长如何利用素质作为一种象征性

---

[1]　BOURDIEU, P. Distinction：A social critique of the judgement of taste[M]. Cambridge：Harvard University Press, 1984：56.

的权力来维持他们在教育场域的优势的。家庭教育中对素质的培养意义在于建立一种不同于其他群体的区隔，从而再制他们的社会地位。这些受过良好教育的城市精英群体需要素质，素质再一次成为一个区别群体、强调优势的词汇，比如相对于城市流动人口和农村居民[1][2]。本书研究的发现也表明，家长的做法表面上是一种个人对教育理解的区别，但其实家庭教育投入是家庭教育观念、学校教育、学生学习能力等综合因素的产物。

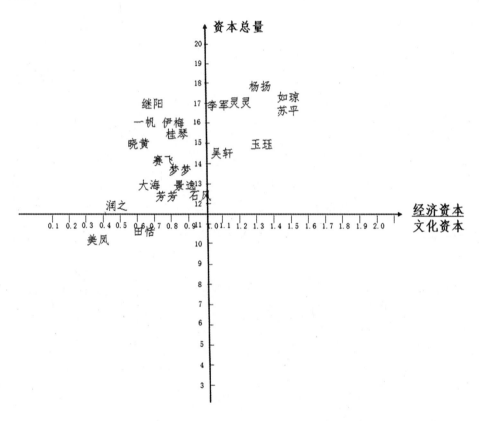

图 7-2　第二类家长的场域位置

第三节　小结

作为"三步法"的最后一步，本章通过对惯习的研究，了解人们在家庭教育投入中的异同，解决的问题是：不同场域位置的家长在教育投入实践中的惯习是如何产生差

①　ANAGNOST, A. The corporeal politics of quality[J]. Public Culture, 2004, 16(2): 189-208.

②　KIPNIS, A. B. The disturbing educational discipline of "peasants"[J]. China Journal, 2001, 46: 1-24.

异的？如前所述，根据家庭教育投入所扮演的角色不同，参与本书研究的所有家长可分为两种典型类型。场域位置是理解这两种类型之间差异的关键。

图 7-3 通过将场域图大致划分为 A、B 区域，显示了这两种种类型家长的现场位置。需要注意的是，没有分界点将这些参与者从一种类型划分为另一种类型，边界是模糊的，边界仅用于表示大致位置并区分两种类型。尽管边界具有流动性，但这两个区域场域的位置仍然可以提供足够的案例与数据来解释区隔的产生。首先，A 区域的家长位于场域图的中间到下半部分，他们的总资本低于或刚刚接近样本的平均值。这些家长往往没有多少办法让他们的孩子在学术竞赛中获得优势。因此，他们依靠家庭教育投入来提高孩子的学习成绩。或许他们没有认识到，这样的竞争中其实子女们在起点上就处于不利的位置。相比较而言，B 区域的家长并不认为学业上的投入是必要的。这些家长可以谨慎地认为他们是社会的精英，他们付出了巨大的努力来培养素质。素质表面上是一种个人美德，实际上是家庭教育的产物之一。无论是否参与家庭教育

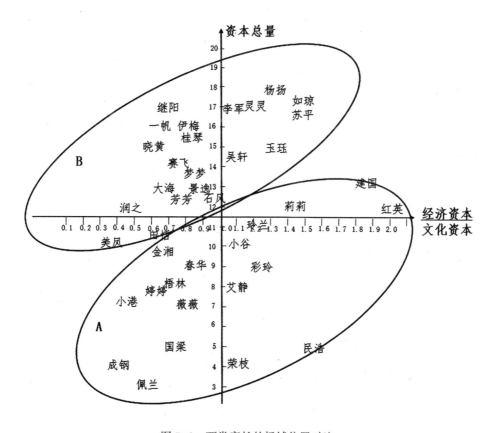

图 7-3　两类家长的场域位置对比

投入，他们都在下一代身上生产并复制了自己的优势。他们以自己的方式保持优势，也把教育投入作为一种表明自己优势的手段。

　　由此可见，在不同的社会群体中，家庭教育投入发挥着不同的作用。惯习不仅解释了家长"游戏的感觉"的多样性，还解释了游戏场域中"正确"和"可能"的差异。在家庭教育投入的实践中，一方面，家长的教育观反映了从一定的场域位置建构起来的惯习；另一方面，他们的习性又通过日常实践来重构场域。他们的家庭教育投入所产生的差异的影响将在下一章中加以阐述。

第八章：讨论：家庭教育投入中的变与不变

本书的研究旨在运用布迪厄的理论来更好地理解中国的家庭教育投入实践。在前几章以 J 市为例，系统地从宏观、中观和微观考察了家庭教育投入在教育场域中的作用。从宏观上提出了一个理解家庭教育投入实践的框架，然后以 J 市为例探讨了资本的主要形式及其转换，此后讨论了父母的惯习与家庭教育投入的关系。这三个步骤相当于对布迪厄所提出的三步方法的一个应用，而本章的目的是对三个步骤之间的动态和相互作用进行综合讨论。

布迪厄强调了场域、资本和惯习之间的动态关系。在中国，教育场域不仅在政策变化方面是动态的，而且在该场域的利害关系、结构和关键代理人方面也是动态变化的。尽管前面的六个章节的分析对场域、资本、惯习各有侧重，但实际上三者密不可分，在实践中紧密结合在一起。因而，本章在对各个层面分别分析的基础上进行进一步的综合探究，以便理解家庭教育投入更深层次的作用和意义。这其中涉及我国教育场域一些一成不变的特性，以及近年来素质教育改革的推动下发生的变化，这些场域中的变与不变，都可以从家庭教育投入中窥见一二，而家庭教育投入也同时为深化教育场域的这些本质属性，重新建构新的结构格局贡献了推动力。本书的研究表明，素质教育改革虽然主要针对的是学校教育，但其影响也在其他场域有所体现。家庭教育投入就是这些变化的体现。本章以 J 市为例，考察了场域、资本和惯习三者之间的动态关系。在此过程中，深入分析了家庭教育投入对当代中国教育场域的深远影响。

首先，本章讨论教育场域中的那些不变的特征，这些特征可以看作是场域的本质，不仅没有发生变化，还会被场域中的实践源源不断地强化。这些不变包括教育场域核心的利害关系——学业表现和考试成绩。J市的案例可用来解释家庭教育投入如何围绕这些利害关系与该场域进行互动。其次，本章第二部分论述了围绕素质这一新兴的关键利害关系的场域重塑。论述了家庭教育投入在素质教育变革中的作用，J市的案例提供了理解教育场域不断变化的途径。通过对场域、惯习、资本的综合分析，本书研究提供了理解家庭教育投入在教育场域中作用的新视角。

第一节　场域的不变：教育场域的本质特征

虽然布迪厄强调场域的不断变化及其动态，但本节试图在中国教育场域的变化中探究某种接近场域"本质"的内容。这并非是对布迪厄的否认，而是力求在前几章的基础上给出一个对于中国教育场域的综合判断与讨论。本书研究结合布迪厄研究方法的三个步骤，认为中国教育场域有一些类似本质的核心并未随着时代发展而改变。这种不变形成了场域本身的特色，既是区分于其他场域的关键，也是时间维度上对场域进行探讨的基础。下面将分别从两个侧面讨论这种不变。其中第一个维度主要结合场域与资本这两个研究层面，第二个维度主要结合资本与惯习这两个研究层面。通过这两部分综合的分析，深入讨论教育场域的那些关键特征。

一、教育场域不变的核心利益

教育是否有其内在价值？无论是建立在何种教育理论之上，答案无疑是肯定的。从个人的角度，教育涉及个体各个方面的身心发展，包括但不限于身体健康、智力认知、情绪情感、心理健康等等。中国当代的教育更是强调个人从德育、智育、体育、美育、劳育全方面的综合发展。从这个意义上来说，教育对于个体的成长发育与社会化，乃至获得一定职业知识技能从而在社会中立足，都有重要的意义。而从社会的角度，教育的内在价值也不容忽视，例如对于提高全民道德水平，建立良好的公共社会，提高全面的综合素养，培养各个场域发展所需的人才，乃至培养强大国力，在激烈的大国竞争中立于不败之地等等。无论是从个人发展还是国家社会的发展，教育都起到无可替代的作用。

然而尽管如此，教育所具有的内在价值与本书着重研究的竞争性并不相违背。布迪厄的社会理论的作用即是从这种场域的竞争性出发，来理解教育的另一重属性。通过本书前面部分的讨论发现，教育场域本身就具有高度竞争性，这是根植于场域的本质属性。

从场域发展的历史不同阶段来看，这种竞争性从未减弱，只是在不同的阶段以不同的形式呈现出来。中国教育场域一直以来都存在着一个核心的利害关系：学业表现。学业表现在场域的重要性是在场域形成过程中逐渐形成的。从场域的发展历史来看，科举制度时代，场域的核心利害关系是古典的儒家文化知识，这些核心利益通过科举考试的途径被测验，集中呈现学业表现的科举考试成绩就逐渐成为教育场域的成就标志。而今天，教育场域仍旧是注重文化资本的场域，把基于某类文化资本的考试制度作为教育制度中分流的依据。在教育现代化的过程中，这一成就标志逐渐转变为在以中考和高考为代表的关键考试中所取得的成绩。因而，从场域的本质特征来看，围绕这一成就标志所展开的竞争是不可避免的。虽然一些中国学者已经探索了建立公平的考试制度的途径，以实现高考和中考的公平[1][2]，大多数研究都集中在考试系统本身以及如何改进考试的设计上。这些研究对于研究教育制度本身具有重要作用。但是对于场域内其他实践的影响还需要更多深入的探讨。本书从场域的视角考察了家庭教育投入的问题，发现这种教育场域内的实践与考试制度密不可分。

从横向维度，如何理解这种教育场域的竞争属性？最佳的角度是从权力场域入手。如第三章所讨论，中国的教育场域受到权力场域的影响。其中，最为重要的就是文化权力的影响，即教育场域中获得的学历证书可以在人力资本市场起到识别的作用。而中国与世界上很多国家一样，在教育的不同阶段采用教育分流的办法，其制度设计本身是提供满足各级各类需求的教育形式。但是，由于中国根深蒂固的儒家传统，对于下一代的教育问题有着格外的重视，加上职业教育的发展路径与西方国家有所不同，导致中国的家庭对于取得更好成绩、获取更高学历抱有独特的执着。改革开放之后，由于教育回报率的增强，人们更加看到良好学历对于获得高薪和高社会地位工作的作用，因而，在教育场域内为取得更高学历，以及进入同等学历下更优秀的院校而进行的学业竞争不可避免。

对于教育场域的变革来说，文化权力至关重要。由于国家日益把教育公平作为目

---

① 刘海峰. 高考改革：公平为首还是效率优先[J]. 高等教育研究，2011，32(05)：1-6.

② 张渝，邓亚秋. "依法治考"——中外教育考试制度比较研究[J]. 西南政法大学学报，2017，19(02)：13-22.

标，尤其是在基础教育阶段，国家努力为所有适龄未成年人提供高质量的教育。因而成为塑造场域的重要力量。尤其是在学校教育中，近年来对于教育均衡的各项举措，都在力求为所有适龄学生提供一个良好的教育基础。然而，只要场域存在，对于其核心利益的争夺就不可避免。由于存在对场域核心利益的争夺，教育改革中的很多举措也遇到挑战。近年来的多次教育改革旨在减轻学生的学业负担，学校课程所涉及的范围也相对减少。但是在场域内的相对竞争仍旧存在。

从本书的研究发现看来，这种竞争性是教育场域内生的，与教育资源的分布关系未必有很大的关联。近年来，我国在教育改革中为提升教育质量采取了多项措施，尤其是对义务教育的普及，以及近年来开始注重的优质均衡等方面皆有很大投入，从结果上看确实起到良好成效。但是，教育场域的高竞争性由于其内生的特点，很难随着优质教育增加而得到优质均衡的改善。至少从布迪厄的视域看，只要教育所获得的学历证书还是人力资本市场中的重要参考，还是获取好工作，完成社会流动的重要筹码，这种竞争性就不会消失。

除了文化权力之外，权力场域的另一重要影响在于经济资本对教育场域的影响。经济资本的影响体现在对教育成本的分担上。一方面，国家加大教育投入，为学校教育的高质量发展，尤其是优质均衡起到助推作用；另一方面，同时引入非国家的资本进行教育投入，民办教育与家庭教育投入就都属于这其中的一部分。这些不同来源的经济资本对形塑教育场域产生了重要作用。民间资本的投入提供了相比于国家投入更为丰富多彩、多样化的教育选择，也为不同群体的教育需求提供了可能的解决方案。家庭资本的投入相比之下更具有针对性和灵活性，能够针对家庭自身情况，以及子女的特殊需求进行个性化、有针对性的投入。这些都属于经济资本对于教育场域的影响。

重要的是，本书研究的案例表明，这些民办的教育提供方也在实践中参与场域核心利益的生产。以往的研究多探究这些教育服务对考试成绩的影响[1][2][3]，而本书研究则重在考察这种影戏的产生机制。例如，利用自身组织的考试，为学生提供了额外的

① 胡咏梅，范文凤，丁维莉. 影子教育是否扩大教育结果的不均等——基于 PISA 2012 上海数据的经验研究[J]. 北京大学教育评论，2015，13（03）：29-46+188.

② 薛海平. 从学校教育到影子教育：教育竞争与社会再生产[J]. 北京大学教育评论，2015，13（03）：47-69+188-189.

③ YUEYUN Z, YU X. Family Background, Private Tutoring, and Children's Educational Performance in Contemporary China. [J]. Chinese sociological review, 2016, 48(1).

资本，使他们脱颖而出。特别是为学生在这些考试中取得优异成绩提供了象征性的资本。而这样的策略也使这些提供者在竞争中获得更大的优势地位。这些发现提供了家庭教育投入对象操纵游戏规则的具体案例。以往的研究认为高考是一场零和游戏，因为一些学生以牺牲其他人的利益为代价获得了更好的教育机会，因此家庭教育投入改变了教育机会的分配，是对公共资源的浪费①。然而，本书研究的结果表明，教育场域的竞争不是零和游戏，也不仅仅是重新分配这些教育机会。家庭教育投入的实践不仅为教育场域带来数额巨大的经济资本，还在文化资本的获得与转化上发生作用。围绕着教什么，什么有价值，存在着竞争。这种竞争非常微妙，因而从家庭教育投入中获得的文化资本与主流学校提供的文化资本之间的差异往往会被误解。很明显，许多家长投入教育是因为他们想要评估自己孩子在学术排名中的位置。然而，这些排名标准与主流学校并不相同。子健的例子就充分说明这一点。

因此，从权力场域的角度就能够看到家庭教育投入所扮演的角色，其中既包含经济资本的影响，也包含文化意义上对教育的期待。由于家庭所持有的经济资本的差异，以及家庭教育观念与教育策略的不同，家庭的教育投入必然是千差万别。其产生的结果，并不能简单地概括为增加或者减少了教育场域的竞争。可以确定的是，亿万个家庭教育投入的实践，使本就错综复杂的教育场域更加千变万化。而本书研究的重要性在于，从布迪厄的视角展现和分析了这种竞争的复杂性。布迪厄的观点有助于解释家庭教育投入是如何去适应这种情况的。进行家庭教育投入的家长很清楚地了解这种文化资本的竞争本质，因而通过各种形式争取最大化地获取文化资本，在学校教育之余，在家庭教育中进行投入，试图更多地获得场域的核心利益。因此，在本书研究中看到，尽管在教育政策中努力削弱考试的重要性，但家长并没有因此而放弃对于学业表现的追求。在家庭教育投入中，家长首先关注到的，或者是作为底线的，都在围绕学业成就展开。

二、家庭教育中不变的期待

从本书的研究发现来看，教育场域中那些并未发生变化的特征，除了教育场域的核心利益之外，还有家庭教育投入策略中的底层逻辑，即那些家庭教育投入背后的期

---

① YU H, DING X. How to get out of the prisoners' dilemma: Educational resource allocation and private tutoring[J]. Frontiers of Education in China, 2011, 6(2).

待。尽管一些教育服务的提供者确实对于场域的结构产生了深远影响，但他们并非独立完成的这样的改变，而是恰好契合了家庭教育投入中的那些不变的期待。

布迪厄的惯习概念让笔者可以根据人们的场域位置来解释他们的实践。本书探讨了家庭教育投入的动机，并重点关注了来自不同场域位置的家庭。其中位于 A 区域的家庭很明确地表明对于学业表现的教育投入是必不可少的。这里的解释为，这些家庭所在的场域位置让他们做出这样的选择。在场域位置 A 区域，这些家庭的习性集中地表现为对学业上落后的恐惧，因此他们认为必须对学业表现进行教育投入。家长的这些习性倾向实际上对应了教育服务的提供者生产的资本。本书研究表明，A 区域的家长相信这些教育服务提供者能够为他们提供教育场域的核心利益。这也从侧面印证了这些提供者具有一定的场域地位，具有一定的象征性权力。薇薇、春华、彩玲明白自己在这个场域的劣势，因而选择了去相信教育服务的提供者，用来弥补自己在场域中的劣势。但同时必须注意到，他们的这种信念是在场域中建构出来的，其中也不乏受到教育服务提供者的影响。这些父母相信他们的教育投入可以改变下一代的命运，但实际上他们本身的惯习无形中在下一代身上复制了他们的场域位置。

重要的是，一些家长甚至不相信家庭教育投入带来的回报，却仍旧决定投入。例如，红英意识到女儿在教育投入中成绩并未提高，但她仍然打算让女儿继续。红英认为，她应该把自己积累的经济资本投入教育中。这显示了教育提供者的主导地位及象征性力量，他们成功地推销了家庭教育的经济资本投入能够换来该场域最受重视的文化资本的回报这一观念。这个案例证明了红英对场域及其中竞争的认识，而这些认识是她在其场域位置上长期获得的。

人们对家庭教育投入的见解和期待与其场域位置密切相关，正如布迪厄解释的："因此，我把'认知'这个术语定义为一组基本的、前提性的假设，即社会行动者仅仅通过将世界视为理所当然、接受世界的本来样子、发现它是自然的这一事实来参与，因为他们的思维是根据从世界的结构中产生的认知结构来构建的。"①当人们声称他们不得不进行家庭教育投入时，他们理所当然地认为家庭教育投入会提高学业表现，并且带来社会位置的向上流动。而这种误认并非一人所为，而是整个场域的共识。随着

---

① BOURDIEU, P., WACQUANT, L. J. D. An invitation to reflexive sociology[M]. Chicago：University of Chicago Press, 1992：168.

在教育场域生产的学历证书在就业市场中越来越重要①②，学历证书被视为文化资本的一种有价值的制度形式，而从教育中发展出来的能力则被视为文化资本的一种有价值的体现形式③。因此，许多人相信教育在实现社会流动方面的作用。而这是一种误解。人们期望通过经济资本的投入来获得文化资本，这反映了经济资本在教育场域中越来越重要的作用。随着教育市场的开放和民办教育提供者进入该场域④，父母已经形成了一种倾向，即从这些教育形式的投入中获得地位流动的期望。比如薇薇和红英，他们认为这种教育是摆脱其场域劣势的唯一途径。本书研究表明，这些误识通过人们的场域位置体现出来。

在本书研究的背景下，通过汉语一些本土表达可以更好地理解研究对象对于教育投入的期待。本书研究发现，"吃苦"和"不要输在起跑线上"这两个本土概念在 A 区域的人中间得到了广泛的认同，并且许多家长对这些本土概念身体力行，并试图为他们的孩子提供最好的教育机会。笔者认为，这些本土概念与该场域的核心利益以及认为教育与社会阶层流动有关的信念有关。教育服务提供者也是这些本土观念发挥作用的一环。

这些价值观的形成早已有之，几乎可以追溯到科举时代，当时人们可以通过考试取得好成绩进入精英阶层。而"吃苦"这个比喻的本质思想是，为了改变不满意的现状，人们应该积累文化资本。换句话说，这个比喻强调了一种对场域自主性的信念：教育场域根据特定场域的规则和利益进行分配。例如，春华想让她的孩子吃苦，提高她的学习成绩，从而避免走自己的职业道路。人们在其自身教育的背景下接受了这个想法。同样，"不要输在起跑线上"的比喻与教育的作用有关，这同样是一种误解，因为并没有共同的起跑线或公平竞争。相反，人们在不同的场域位置进入教育竞争。这两个本土观念都源于场域的传统，而场域的历史则是通过人们的惯习来演绎的。

这些发现有助于我们理解所谓的儒家文化价值观在教育场域的作用。人们普遍认

① 沈红，张青根. 劳动力市场分割与家庭资本交互作用中的文凭效应[J]. 教育研究，2015，36(08)：22-32.

② 张青根，沈红. "一纸文凭"究竟价值几许？——基于中国家庭追踪调查数据的实证分析[J]. 教育发展研究，2016，36(03)：26-35.

③ BIAN, Y., LOGAN, J. R. Market transition and the persistence of power: the changing stratification system in urban China[J]. American Sociological Review, 1996: 739-758.

④ 方芳，钟秉林. 我国民办教育培训行业发展现状与对策[J]. 中国教育学刊，2014(05)：1-5.

为中国人非常重视教育，认为人们喜欢把大部分的空闲时间花在学习上是因为相信人是可以被教育的[①]。儒家文化也被视为重视学习、努力和某些类型竞争的文化，学者们用这种文化来解释亚洲国家高比率的家庭教育投入[②③]。然而，本书研究没有使用文化或儒家文化的广义概念，而是找到了可以解释父母行为的具体本土观念。通过这些观念将布迪厄的理论运用到了中国语境中。接受这些价值观的父母大多位于教育场域的 A 区域，因为这些观念强调了教育在实现社会阶层流动中的作用，而这正是那些觉察到自己在教育场域中处于不利地位的人们的主要关注点。

良好的学业表现是教育场域中众多家庭的核心期待，而且研究发现很多家长将其与素质进行比较。换句话说，对于场域 A 位置的人来说，学业成就要比素质更受重视。例如，春华提到她其实知道素质的重要性，但是只有当她有更多经济资本时，她才会更多地投入于素质的提高。家长视学业表现为核心主要源于对教育场域本质的判断。这里的学业表现被看作是一种场域内基础的赌注，尽管已有其他赌注出现，但是家长都意识到教育场域最基础的核心利害关系仍旧是学业表现。而且在他们的家庭教育投入相对有限的情况下，他们会优先选择将经济资本转化为传统的场域核心利益——学业表现。

而教育场域的文化传统或许夸大了教育对社会流动性的作用。父母通过将他们的经济资本转化为文化资本来进行教育投入，而教育服务的提供方提供了资本转化的手段，所以不能简单地把这些父母看作是场域的受益人或是受害人，这个场域的变化应该理解为给竞争者提供了更多转化经济资本的机会。例如，薇薇认为自己的学历是她在这个场域中的劣势，而学历又对孩子找到稳定的工作至关重要，所以她对教育的投入源于她对该场域利益的信念。同样，春华也希望她的孩子在考试中拿高分。她注意到其他家长有办法让孩子进入名牌学校，而她却没有。春华深知这个场域的规则，因而她通过教育投入寻找一种切实可行的方式，将她的其他形式的资本转化为这个场域

① LEE, W. O. The cultural context for Chinese learners: Conceptions of learning in the Confucian tradition[M]. The Chinese learner: Cultural, psychological and contextual influences, 1996: 63-67.

② BRAY, M. Researching shadow education: Methodological challenges and directions[J]. Asia Pacific Education Review, 2010, 11(1): 3-13.

③ ROHLEN, T. P., LETENDRE, G. K. Conclusion: Themes in the Japanese culture of learning[M] // In T. P. Rohlen & G. K. LeTendre (Eds.), Teaching and Learning in Japan. New York: Cambridge University Press, 1996: 369-376.

的利益。在这种背景下，教育服务提供者的意义在于它能够提供资本转化的机会，而这些在以前主要是通过学校教育来实现的。人们投入自己的经济资本，获取更多的文化资本，进而获得该场域的利益。这样，他们往往会保持自己的场域地位，增加自己的优势。这样就实现了再生产。

该场域的再生产可以参照其他研究发现的社会阶层流动机制。一些研究发现，低收入家庭可以通过参与文化活动，为孩子提供一个更好的文化环境来实现向上流动[1]，而下层阶级的学生可以通过利用他们独特的文化价值观来取得学业成功[2]，例如改变命运的内在动力，个人奋斗的意识，孝敬父母等等[3]。这些研究用文化价值来解释人们如何实现社会阶层流动。然而，仅仅通过教育就能实现社会流动性的想法值得反思。在这个场域里，为了取得成就标志存在着不断的竞争，教育服务的提供方在该场域中争夺主导地位，并寻求为自己的资本获得象征性的权力。本书研究的案例表明，人们已经根据他们对场域的理解对教育服务提供方的策略做出回应，而他们对此的应对策略往往是对场域本身的特征进行了再生产。

第二节　场域的变化：素质教育与家庭教育投入

素质教育改革的目标是在应试教育体系中实现平衡。制定了改变主流学校应试教学的政策，废除义务教育阶段的选择性考试。然而家庭教育投入仍旧作为教育场域的一部分而存在。本书的研究发现表明，家庭教育投入也为教育场域带来变化。本节探讨家庭教育投入如何重塑针对素质的竞争。

一、素质带来教育场域的变化

素质教育改革标志着中国教育场域发生重大变化。在本书研究中着重强调了素质和素质教育的象征意义。研究数据表明，素质已经被场域中不同的主体确认为场域中

① 孙远太. 家庭背景、文化资本与教育获得——上海城镇居民调查[J]. 青年研究，2010(02)：35-43+95.
② CHENG, M., KANG, Y. "Things are increased by being diminished"：Another discourse on the cultural capitals of underclass[J]. Tsinghua Journal of Education, 2016, 37：83-91.
③ 余秀兰，韩燕. 寒门如何出"贵子"——基于文化资本视角的阶层突破[J]. 高等教育研究，2018，39(02)：8-16.

重要的文化资本。这里讨论的重点在于，为什么素质被视为家庭教育投入中所要生产的重要对象？以及素质在当代中国教育场域内具有怎样的地位？

伴随着素质这一新的文化资本受到重视，教育场域经历着重构。素质教育改革的目的是通过培养学生的创造力、解决问题的能力和终身学习的态度来提高全国的教育质量。从布迪厄的角度分析，这种政策带来的是新的文化资本的形成，并且由于政治资本赋予其重要意义，形成了场域内新的关键利益。因此，尽管素质教育政策主要针对国家提供的义务教育①，但变化的影响却远远超出了学校教育。

素质，即儿童的全面发展，可以理解为一种文化资本的形式。尽管有学者认为素质教育的理念起源于西方发达国家②③，但是本书认为这是一个根植于本土的具有广泛群众基础的概念，而提出并强调素质的目的是为了赢得国际人才的比拼和就业市场的竞争。因此，对于素质的重视可以看作是全球化影响下中国教育场域的一种理念的创新。而这种理念很好地被运用在场域实践当中。

实践证明，素质的内涵在家庭教育投入的实践中被反复地确认和重新定义。这里至少包含着教育服务提供者和购买者的双重努力。对于教育提供者，通过重新定义素质来确保其在该场域中的地位，通过一再强调自己可以生产出素质这种文化资本，来争夺在教育场域内的优势地位，使其地位和实践更加合法化。像"思维训练"这样的课程名字就暗含着素质教育的意味，这反映出提供方对于素质这一新的核心利益的见解，以及对于场域内已经更新的游戏规则的确认。通过"思维训练"这样的课程名称，素质这一相对宽泛而抽象的概念被赋予了操作性的定义。因而，素质可以根据主体被划分为各个子类，也就更能够融入商业逻辑被拆解成具体的服务内容。

而教育提供者对素质的再定义，也暗示着素质的培养可以通过经济资本的投入来实现。并且，这些教育提供者为这种文化资本的培养提供了不同于学校教育的选择。既然如此，对"素质"下定义就在教育场域中至关重要。必须注意到，这些教育服务的提供者并非争夺"素质"定义的唯一主体，家长们也对素质有着不同的见解。他们进行教育投入的各种方式或许都体现着其对于素质的定义，而争论的核心在于什么可以被

① HAN, M., YANG, X. Educational assessment in China: Lessons from history and future prospects[J]. Assessment in Education: Principles, Policy & Practice, 2001, 8(1): 5-10.

② DELLO-IACOVO, B. Curriculum reform and ´quality education´ in China: An overview[J]. International Journal of Educational Development, 2009, 29(3): 241-249.

③ 王根顺，王成涛. 素质教育探源[J]. 当代教育论坛，2003(05): 47-50.

定义为"素质"，以及谁可以生产素质。有些家长认为，他们的孩子只有参加非学术性的活动，如滑雪、弹钢琴或跆拳道，才能获得素质，而另一些家长则认为学业上的学习可以产生素质。可以肯定地说，所有这些商业资本都在重建"素质"的意义。这些实践与学校教育中实施的素质教育改革同时进行，却各有所指。因此，这些象征权力的竞争塑造了教育场域的新动态。

综上所述，本节认为，在教育场域已经形成一个新的核心利益——素质。素质的定义被认定为值得为之争取的目标。而在这个过程中，家庭教育投入中，那些教育服务提供方获得了一席之地。他们对于文化资本的生产产生影响，是场域内不可忽视的存在。而素质这种场域内新的核心利益，正由文化权力、经济权力和政治权力的持有者共同推动。

二、家长教育投入观念的变化

素质具有特定的场域意义，它与象征权力紧密相关。素质作为一种新的文化资本，在场域中被合法化，并且被家长广泛地接受。理解素质与素质教育这两个术语的区别是很重要的，其中的象征意义是理解不同社会群体对家庭教育投入观念区别的关键。

在应用于教育场域之前，素质的象征意义就已经存在。正如一些研究所论述的，这种形式的文化资本可以理解为国家在公民中培养的特征[1][2]和作为发展的生产力[3]。然而，这里必须强调素质一词所具有的象征性力量。"素质"最初用于实施计划生育政策，现在一般用来指一种人类品质[4][5]。这表明，这个词一直具有象征性的力量，以区分一些社会群体的高素质与其他低素质或无素质。一般来说，"素质"是用来标记那些从中国社会的变化中受益的人，并通过将结构性不平等转化为具体的文化资本，使他们的场域位置更为清晰和合法化。

---

[1]　JACKA, T. Cultivating citizens: Suzhi (quality) discourse in the PRC[J]. Positions, 2009, 17(3): 523-535.

[2]　THØGERSEN, S. The´quality´of Chinese education and the new ideal student[J]. Nias Nytt. Nordic Newsletter of Asian Studies, 2000, 4: 4-7.

[3]　YAN, H. Neoliberal governmentality and neohumanism: Organizing suzhi/value flow through labor recruitment networks[J]. Cultural Anthropology, 2003, 18(4): 493-523.

[4]　KIPNIS, A. B. Suzhi: A keyword approach[J]. China Quarterly, 2006, 186: 295-313.

[5]　KIPNIS, A. Neoliberalism reified: Suzhi discourse and tropes of neoliberalism in the People´s Republic of China[J]. Journal of the Royal Anthropological Institute, 2007, 13(2): 383-400.

在教育场域的应用中，素质的象征意义继续存在。素质教育不仅旨在培养明确自己位置的公民①，而且还表明人们可以通过获得文化资本来赢得游戏。如前所述，一些家长正在通过家庭教育投入，为子女建立一种在学业成绩之外的优势，家长们强调他们很容易培养素质，从而暗示他们的孩子在这个场域的优势是由于父母的教育策略带来的。换句话说，素质的象征力量使人们将在该场域的成就归因于个人的、家庭的特征，而不是他们在该场域的地位。例如吴轩先生说，素质是他进行教育投入的主要原因，而其他家长只是迫于社会压力。通过这种方式，吴轩表明他的教育策略比那些迫于压力的人更聪明、更理性。通过这样的表述，吴轩把具有鲜明场域结构特征的习性误认为是个人选择。

而这种误解已经深深烙印在父母身上，他们把教育决策视为一种个人选择，并把他们的实践与他们的职业区分开。当玉华说她喜欢和儿子在家里读书，桂琴说她不担心学习的直接结果时，她们多少都在展示自己教育策略的优越性。然而，正如前面所解释的，他们的习性与"吃苦"相反，不是因为个人因素，或者至少并非完全是个人因素，而是结合他们的场域位置的结果。"素质"的培养其实让一些父母把自己和别人区分开来。

当一些家长期望教育投入能在某些方面提高孩子的学习成绩时，该场域竞争的核心利害关系却发生了变化。而与投资于学业成就相比，追求素质似乎是一种不太明确的再现社会位置的方式。与此相比，那些明确的追求考试成功的做法受到了指责。学者们认为，一些教育服务之所以受欢迎是因为父母对教育有一种功利主义的看法，这对孩子有破坏性的后果②③。且一些主要的大众媒体也谴责父母采取这种做法，并建议他们应更多地关心孩子的幸福。本书认为这些想法恰恰代表了该场域的象征性力量。一些父母的结构性缺陷被掩盖了，他们被误认为不如那些专注于素质的父母有策略，但是他们的选择何尝不是在有限位置上的最优方案。

所以，素质为两代人之间的资本转换提供了一种合法的语言。作为一种新的文化资本价值形态，它标志着谁被纳入了主导的社会群体。基普尼斯发现，城市中产阶级

---

① JACKA, T. Cultivating citizens: Suzhi (quality) discourse in the PRC[J]. Positions, 2009, 17(3): 523-535.

② 陈国明. S 市 M 区初中生课业负担调查研究[D]. 华东师范大学, 2015.

③ YANG, W. An analysis on parents' values on education[J]. Modern Education Science, 2006, 6.

职业父母普遍非常支持素质教育政策[①]。然而，本书的研究发现表明，父母对教育的态度是一个更复杂的地图，可以根据他们的场域立场进行分类。例如，李军不赞成教育投入，因为她可以把自己的文化资本在家里传给孩子而不需要额外的帮助。相比之下，许多以经济资本为主要资本形式的父母试图将自己的优势转化为教育场域的优势。素质的象征意义在于它可以通过训练而获得。换句话说，教育服务提供者将这种形式的文化资本定义为可以通过教育从经济资本转化为教育场域公认的文化资本的东西。因此，素质作为这一场域的新的核心利益，对于那些以经济资本为主导资本形式的人来说，是非常有吸引力的。J市的案例表明，素质赋予了那些在教育场域拥有经济资本的人以权力，并使他们在教育方面的投资合法化。

第三节　小结

该章主要关注教育场域的动态，并综合了场域、资本和惯习的讨论。首先提出的问题是：教育场域有哪些不变的特征，在家庭教育投入实践过程中被保留甚至强化？在J市的案例中，可以看到这种不变存在于场域自始至终对学业成就的注重。本书的研究在于把这种场域的特征与产生的资本形式，以及家长对于教育投入的期待结合起来。通过论证，发现家庭教育投入与其他教育实践一样，强化了教育场域的这个特点。此外，在场域变化中提出了第二个问题：家庭教育投入的实践伴随着哪些场域的变化？这种变化围绕着素质展开，素质的定义以及在教育中的应用经历了象征权力的争夺，因而逐渐变为场域内代理人为之追求的核心利害关系。在这个过程中，家庭教育投入也参与到素质生产与定义的复杂实践中，因而也对场域的重塑带来了重要的贡献。

---

① KIPNIS, A. B. The disturbing educational discipline of "peasants"[J]. China Journal, 2001, 46: 1-24.

第九章：结论与建议

　　本章为全书最后一章，用来总结本书研究的结论并提出建议。本书的研究是为了讨论家庭教育投入在中国教育中扮演的角色。无论是从规模上还是从重要性上，家庭教育投入的重要性都值得关注，但是事实上学界对其在教育场域的具体作用还知之甚少。本书想对此提供深入的挖掘，提供理论和实践双重的探讨，为教育实践提供建议，也对全球范围广泛存在的家庭教育投入现象提供借鉴意义。具体来说，本书致力于回答这样一个问题：如何借鉴布迪厄的方法框架，更深入地理解中国的家庭教育投入实践的原因与影响？

　　本书将布迪厄的理论作为方法，采用了布迪厄三步骤的方法框架。每个步骤分别提供了场域、资本和惯习概念相关问题的答案。这些讨论综合起来形成在当代中国社会背景下研究问题的分析框架，也在讨论后给出本书研究的结果与见解。本章解释了本书研究如何使用该方法框架对研究问题进行回答，并总结了本书在理论和政策上的贡献。此外，还针对本书研究结果的使用提出建议，并讨论了本书的局限性。

　　本章顺序安排如下。首先，先简要回顾布迪厄的研究方法的三个步骤，根据本书研究的目的总结出主要的发现，并解释了每个步骤是如何回应研究问题的。其次，对这些研究发现进行综合，得出他们的主要贡献以及对研究问题的影响。在此过程中指出，本书的研究发现如何有助于进一步的理解和应用。再次，整理讨论了本书的理论贡献及其对布迪厄理论使用者进行进一步研究的意义。又次，对中国家庭教育投入的相关政策提出建议。从次，讨论了本书的局限性。最后，对全书进行了总结。

第一节　对研究问题的回应

这里根据前面章节中提出的研究的三个步骤来回答研究问题。前文的二到八章已经对研究发现进行了详细的阐述与分析，本节的重点则是综合研究结果，以回答本书的主要研究问题：家庭教育投入在中国教育中扮演怎样的角色？为了回答这个问题，本书运用了布迪厄的三步法作为方法框架，并确定了以下三个研究问题（详见第一章）：

（1）中国的家庭教育投入处在怎样的场域之中，而这个场域又有哪些来自外部的期待与压力？

（2）在家庭教育投入实践中有哪些资本的占有及转化？

（3）教育场域中，不同场域位置的家长的惯习有何差别，又对场域产生什么影响？

下面将阐述对应每一个问题的回答。

一、中国教育场域的独特特征

本书的第二章和第三章建立了教育场域。布迪厄认为场域才是社会科学所要探究的对象。这是因为场域能够解释实践中的关键利害关系以及权力结构。而理解中国的家庭教育投入问题，务必要从其所在的场域入手。本书首先通过探究中国教育场域演变的特征来辨析场域内部的紧张关系，然后通过研究中国社会经济背景下的外部压力，建立起中国教育场域。在此过程中，通过分析这些紧张和压力关系，发展出对家庭教育投入的理解。

中国教育场域的建立要从几个关键的进化阶段来理解。这里需要格外注意的是该场域独特的核心利害关系——学业表现与考试成绩——以及作为成就标志的教育学历证书。早在科举时代，人们就为学业表现的成功而竞争，竞争中的优胜者得到了通过科举考试实现向上流动的核心利害关系。而场域中存在这样的紧张关系，即基于学业竞争获得优势与从家庭继承的资本来维持特权之间的关系。科举制度强调了文化资本是获得更高社会地位的途径。当然，由于家庭资本的隐性影响，机会平等和社会流动性的主张在实践中并未完全实现。新中国成立后，以国家为主导建立了以中考和高考为主要考试的新教育制度。在此场域，用场域自身的规则来对场域参与者进行分配。

场域中基本形成了基于教育的标准，即考试中的学业表现，而教育学历是人们获得该场域核心利益的象征。一旦规则确立，中国的教育场域就逐渐与外部世界建立了界限，形成自身的相对独立与自主性。自改革开放以来，民办教育主体在教育场域内的出现为场域内部的紧张局势带来新的变化。民间机构开始发挥重要的作用，这些变化带来新的场域张力，因为这些主体也参与到场域核心利害关系的争夺。家庭教育投入与这些主体的关系十分密切。在中国，家庭教育投入的作用实际上是围绕着场域的核心利益展开的。

而家庭教育投入的作用还需要与教育场域在权力场域中的位置联系起来。本书确定了中国权力场域的重要维度：经济权力和文化权力。在经济权力的作用下，中国的家庭教育投入可以看作是教育服务市场化的一部分。自改革开放以来，经济权力已经成为社会分层和社会流动的重要因素，企业家和民间资本的重要性得到提高，这也为教育场域带来变化。家庭教育投入的实践提供了理解教育场域如何受到经济权力影响的视角。此外，围绕文化资本的象征性斗争则突出了人们对教育的期待。国家对科学技术能力的重视，对科教兴国的举措，反映在 1985 年、1993 年以及 2010 年三次主要的教育改革中。文化权力的影响也使公众对更高的学历增加了渴望。因而教育场域出现了激烈的竞争，在实现教育机会均等与追求更多更好的教育之间存在张力。家庭教育投入也卷入这样的张力之中，在文化资本的生产中对文化权力做出了回应，也对场域本身进行了重塑。关于权力场域与教育场域的关系的讨论集中在后者所承受的压力上。这里的结论是，教育场域是由经济权力和文化权力主导的，这与权力场域在结构上具有同源性。

综上所述，本书研究的第一步骤着重于教育场域内的斗争，并认为与家庭教育投入相关的实践都应该从这些斗争的角度来理解。这种对教育场域内部紧张局势和外部压力的叙述，展现了家庭教育投入的实践是如何在场域变化中出现和发展的，并剖析出其所受到的社会经济背景的影响。

二、家庭教育投入中资本的生产机制

在本书研究的第二步骤中，利用布迪厄对场域结构与资本之间关系的理解，考察了家庭教育投入过程中资本的生产与转化机制。布迪厄强调，资本既是场域博弈中的赌注也是利益，通过识别资本的不同形式及其转化，可以理解家庭教育投入在场域结构中的作用。这一步骤涉及对一个实证案例 J 市的深入分析，用来对家庭教育投入与场域间的相互作用机制进行深描。

本书研究确认了 J 市家庭教育投入中资本的形式及其生产机制。这里着重对文化资本的形式进行了探究，研究发现身体化的文化资本尤其重要。学生在参与教育竞争中，不仅学到知识，还能获得另一种形式的文化资本——关于"好学生"的标签，这些称号和学业成就相比更具比较性、间接性和象征性。这些资本的产生是通过组织考试、排名等方法实现。这表明了经济资本和社会资本的转化，使参与教育的学生在场域中更具竞争力。从教师的身体化的文化资本来看，教师本身的优秀定义掺杂了经济资本的力量，这种象征权力的影响对场域内文化资本的生产发生作用。此外，场域内的竞争还高度围绕着"素质"这种新型的文化资本。由于学校教育中的素质教育改革，一些教育服务提供方也力求证明自己可以生产素质。且这些提供方通过与学校的对比争取对素质的定义，即象征性权力。在对素质的定义竞争中，教育服务的提供方使自身的教育服务具有象征权力，对场域内文化资本的分配和生产产生了深远的影响。这些民间的教育服务提供方稳固了其自身场域的位置，投入大量经济资本招收教学好、声誉好、有能力影响家长的教师等等，这些实践不仅仅影响家长对教育投入的认知，也与其他实践者一起，重塑了场域的结构，改变着场域的竞争规则。虽然本书探究的服务提供者并不代表全部，但案例中的这些实践为家庭教育投入中的资本生产与转化贡献了新的见解。

三、家长惯习与制造区隔

本书研究的第三步重点探究了家长的惯习（第六章和第七章）。这一步有助于确定家庭教育投入在不同场域位置上的作用。惯习的概念在这里使家长在家庭教育投入上的实践与其场域位置联系起来，并能够根据场域位置探究其异同。

布迪厄的方法使该研究有机会辨析那些做出相似决策的家长之间的细微差异。而这些家长的场域位置，比他们在家庭教育决策上的具体决策更为重要。该方法也促进了与以往研究的对话，因为后者通常视进行家庭教育投入的主体为场域中获利家庭。本书研究中的方法不再讨论他们具体进行什么投入，而其核心是去辨析他们教育投入背后不同的教育观念。该过程通过绘制场域地图，把参与者的场域位置在地图上直观地体现出来。

本书首先关注的是场域图上 A 区域的家长。本书研究发现，这些家长拥有相对较少的资本，而他们的习性围绕着对落后的恐惧展开。这与他们的场域地位相关。他们参与教育投入时尤其重视学业成就，是因为这是为数不多且他们可以负担的投入方式。那些经济资近期获得快速本增长的家庭也有相似的情况。因为他们虽然已经改变了场域的位置，但是惯习并未跟着改变，而他们也确实坚信，一定要坚定投入经济资本以换取教育场域可以辨识的文化资本。甚至是一些资本总量较少的家庭也会有类似的策略，由于尝试过在家庭教育投入中获益，而进行了与其场域位置看似没那么匹配的策略。一些汉语中的本土概念，例如"吃苦"和"不要输在起跑线上"，很好地解释了他们这些观念的由来。这是一种教育可以改变命运的信念，这种信念支撑他们坚定地参与到家庭教育投入当中。

相比之下，场域地图上 B 区域的家长的策略有所区别。这些家长同样进行家庭教育投入，但他们对于提高学业表现的投入讳莫如深。本书特别回答了为何这些家长对场域内的学业竞争有如此自信与放松的态度，又为什么他们都非常重视素质。这都与他们的场域位置有关，是他们在教育场域中竞争的策略之一。当然如果认为他们不注重学业竞争也是错的，因为他们已经获得较有利地位，因而更有信心凭借能力获得比学业成绩更多的利益。对这个社会群体的分析表明，处在此场域位置的人通过其自身的教育策略与实践，来保持子女在场域的优势。因而，家庭教育投入对于他们来说，更像是保持场域优势的一种手段。

通过不同场域位置之间的对比发现，家庭教育投入实际在不同群体之间有着截然不同的角色，尽管人们看似都重视教育，都希望子女在其中获益，但是其背后的逻辑与实践却有很大差别，理解这些区别背后的惯习作用，就更能够看到家庭教育投入的复杂性，以及重新塑造在场域中扮演的角色。

四、场域、资本、惯习之间的动态联系

第八章综合了场域、资本和惯习之间的相互作用，提供一种对场域动态的理解。该章在前面三个步骤发现的基础上，对步骤之间的关系进行探讨，家庭教育投入问题在这个视角下得到更深层次的解读。

首先，本章讨论教育场域中的那些不变的特征。这些特征可以看作是场域的本质，不仅没有发生变化，还会被场域中的实践不断强化。其中最重要的就是场域的竞争属

性。场域的竞争性是本书研究讨论的焦点，包括竞争所要争取的目标、竞争的规则、竞争的参与者等等。本书并不否认教育所具有的内在价值，但是布迪厄所强调的竞争性确实是教育场域的固有本性。从场域发展的历史来看，这种竞争性从未减弱，只是在不同的阶段以不同的形式呈现出来，逐渐形成了以学业表现为关键利害关系，以学历证书为成就标志的场域竞争。这样的竞争形成了场域本身的特色，既是区分于其他场域的关键，也是时间维度上对场域进行探讨的基础。

而从权力场域的横向角度分析，家庭教育投入满足了文化权力对于更多高学历人群的需求，而经济权力影响下的民办机构加入也为家庭教育投入提供了差异化的选择。因此，从权力场域的角度就能够看到家庭教育投入所扮演的角色，其中既包含经济资本的影响，也包含文化意义上对教育的期待。由于家庭所持有的经济资本的差异，以及家庭教育观念与教育策略的不同，家庭的教育投入必然是千差万别的。进行家庭教育投入的家长或多或少了解这种文化资本的竞争本质，因而通过各种形式争取最大化地获取文化资本。在学校教育之余，家长在家庭教育中进行投入，试图获得场域内更多的核心利益。本书研究发现，尽管教育政策中对考试的重要性进行削弱，然而家长并没有因此放弃对于学业表现的追求。在家庭教育投入中，家长首先关注到并且作为底线的，都是学业成就。

其次，家庭教育投入也反映出近年来在素质教育改革的推动下发生的变化。本书研究表明，素质教育改革虽然主要针对学校教育，但其影响也在其他领域有所体现。家庭教育投入就是这些变化的体现。教育服务的提供者之所以可以适应教育场域，是因为其满足了家庭教育投入的需求，而这种需求围绕的是一种新型的文化资本的竞争——素质。素质教育的理念能够被教育服务的提供方用来争夺象征权力，维护自己的场域位置。家长在家庭教育投入的选择方面，除了满足基础的学业需求之外，同时也开始对素质进行培养，并且区分于那些鲜有条件进行素质培养的家庭。因而在素质这种新型的文化资本的争夺中，也能够看到教育场域新的区隔的产生。看似不同的教育观念，背后也有家长所属的场域位置的影响。反之，家长选择的不同的家庭教育投入策略，重新塑造场域的结构。

综上所属，本书对家庭教育投入进行了社会学角度的分析。在此过程中，对研究的对象家庭教育投入做出了原创性的贡献。研究结果解释了家庭教育投入与不同家庭之间的复杂关系，从而提供了关于家庭教育投入在不同场域位置上所起到的不同作用的理论建构。研究结果还强调了文化资本在家庭教育投入中的重要性，挑战了以往研究重视经济资本而相对忽略文化资本的问题。研究结果认为，家庭教育投入不仅是关于资本的分配，还关乎该场域内有价值的资本的定义，即应该教什么知识、测试什么知识、谁可以被视为优等生等等的规则。这些发现都深入地剖析了这些资本形式之间的变化对于中国教育场域的重塑。

第二节　本书的贡献、意义与局限

一、理论贡献

本书的主要理论贡献在于以布迪厄的理论作为方法框架，在此基础上开发了更多的方法工具，使该方法框架能够更好地应用于以场域为对象的研究。

布迪厄本人提出用场域——资本——惯习三个维度来理解一个场域，并且用其作品展示了研究如何进行。但如何针对各个研究情景进行应用，又如何适应不同文化背景进行适当的调整，布迪厄并未给出详细讨论。笔者只能根据具体的研究情况进行改动。本书的研究不仅遵循了布迪厄的方法论指导，还在此基础上进行了重要的创新，探索出如何根据具体的研究情况来使用框架的路径。例如在方法框架第一步中，使用政策文件和文献中的数据来建立一个场域。在第二步和第三步中，用一个实证案例来解释资本和惯习。最重要的是，由于研究目的并非研究场域本身，而是以场域为视角来理解场域内家庭教育投入这一现象，因而相对布迪厄的方法框架调整了每一步骤的核心目的。

此外，本书研究还开发了一些原创的方法工具，用以提高该方法在研究背景下的有效性。本书研究借鉴并发展了布迪厄在他的著作《区隔》中使用的场域图。研究中使用这张图为参与者分配他们的场域位置，并在此基础上分析他们的习性。这有助于比较不同的场域位置，并识别相邻位置之间的相似之处。这个工具对于综合思考场域、资本和惯习的概念也很有用。类似这样的可视化工具都可以为其他研究者提供借鉴。

另外，本书还提出将布迪厄理论运用到一个完全不同背景的方案。应用在中国需要考虑场域的特定特征，例如场域历史发展上的里程碑式事件。此外，一些中国的本土概念也被重视起来，用来理解惯习，比如"吃苦"和"不要输在起跑线上"。这些都是对布迪厄方法的使用与转化，可以为同样寻求不同语境中使用布迪厄理论的研究者带来参考。

二、实践意义

本书研究讨论的是中国广泛存在的家庭教育投入问题，通过深入的探讨，为理解这一现象提供了全新的视角。尤其是其中对文化资本的强调，改变了以往研究把重点放在经济资本上的传统，转而去探究这些经济投入背后的文化内涵。这为理解家庭教育投入这一现象提供了新的思考维度。在此努力下，对于文化资本的探讨贡献了对教育场域内一些本质的论述，例如其中不变的对于学业表现的追求，以及对于素质的提倡和全方位的培养。这些发生在教育场域内的变与不变，能够帮助人们更好地理解竞争的本质，以及不同类型家庭寄予教育的厚望。

家庭教育是个永恒的主题，在该主题下已有无数优秀的理论和研究进行论证。但本书力求在当代中国的语境下，提供一个理解家庭教育投入的理论视角。从社会学的角度去理解今天被广为讨论的教育焦虑、家庭教育、教育支出等问题。该角度虽然不能做到解释所有现象和问题，但是其提供的思路可以帮助后续研究者和读者多一重思维角度。

三、局限与建议

本书为家庭教育投入提供了一个新的理论视角，并利用一个实证案例来回答研究问题。但是应该承认，本书在做出一定的理论贡献、提供实践意义的同时，也存在一些不足之处，这里有必要指出这些不足，为读者及后续研究者提供参考性建议。

本书选择了一个中国的中等发达城市 J 市作为实证案例进行研究，从中得到了与研究问题相关的丰富数据。为深入探究家庭教育投入在教育场域的作用提供了借鉴。然而，这一发现并不能直接推广到全国，尤其是在场域位置以及家庭的分布方面。虽然研究在选取家庭的时候尽量考虑到不同的社会群体，例如中等收入人群、刚刚步入小康的家庭、被边缘化的个人、社会精英等等，但是相比较社会群体成分愈发复杂的中国来说，显然是远远不够的。因而对于这些研究所选取的对象的惯习角度的分析只具有一定的典型性和普遍性，但也同时忽略了很多其他人群。此外，对于提供教育服务的供应方，本书鉴于研究精力与人员的限制，也是选取了一些典型，而未进行大规模的调查。对于其中经济资本的转化，也仅能给予可获取的数据，这使一些资本转化方面的探究缺乏系统性。

根据本书的研究发现和局限性，笔者试提出以下建议，供其他研究参考借鉴。首先，本书研究使用的方法框架可以用于分析其他城市的实证案例，特别是具有复杂社会阶层结构的大都市，如北京、上海和广州等。其次，建议后续研究在布迪厄理论的基础上对家庭教育投入进行定量研究，特别是专注于把经济资本和文化资本进行定量的操作化定义，将有利于对于教育场域的全面理解。最后，研究者还可以分析极端的案例，以了解经济资本和文化资本之间，不同形式文化资本之间转化的机制。

第三节　小结

本章是对全书的总结，回答了本书提出的研究问题，并总结本书的贡献与不足。本书的主要目的是了解家庭教育投入在教育领域所扮演的角色。尽管已有的研究表明，由于不同家庭背景的人获得差异化的教育资源，家庭教育投入可能带来教育的改变，但本书认为，家庭教育投入的作用不止于此，尤其是不同的家庭之间，家庭教育投入的理念、期待、实践都要超越经济资本，而更需要从文化资本的角度进行考量。

以布迪厄的理论作为方法框架，让本书对家庭教育投入在教育场域中的作用发展出新的观点。这种方法解释了家庭教育投入应被看成是教育场域内竞争的一部分。在该场域中存在着一种张力，因为该场域的本质是一个以学业表现和考试成绩为核心来竞争的空间，因此家庭教育投入需要在这种竞争关系与张力中对场域的动态发生作用。书中 J 市的例子表明，在家庭教育投入的实践中，那些教育服务提供者也发挥重要作用，他们自改革开放以来作为新的主体被鼓励参与场域内的实践，成为教育竞争中的重要参与者，对于经济资本向文化资本的转化产生了重要作用。家庭教育投入过程中，家长们期待是多元的，家长想要交换到场域内各种类型的文化资本，这其中包含场域内不变的学业表现，以及伴随场域变化而逐渐生成的素质，还有一些包含着象征资本的好学生的标签。

此外，家长在家庭教育投入中表现出他们的惯习，这也从文化与社会的视角解析了家庭教育投入所承载的文化内核。惯习解释了家庭教育投入在不同的场域位置上所发挥的作用。对于那些资本较少的家庭，将提高学业表现的教育看作是唯一出路，并期待依靠家庭教育投入来实现向上流动。重要的是，书中对本土概念的分析有助于扩展惯习概念的解释力。例如"吃苦"这个比喻解释了这个场域发展出来的信念：个人的努力会得到教育场域的回报。"不要输在起跑线上"则反映一种普遍的对教育的理解：在教育竞争中，大家从同一个起点出发。借助这些本土概念，本书能够解释为什么资本较少的家庭非常坚决地进行家庭教育投入，尤其是对学业成就的投入。而与上述家庭不同，那些位于场域地图另一区域的家长在家庭教育投入方面共享着另一种策略。这些家长不仅拥有更多的资本，还在习性上有所不同，拥有更多获得传统的场域核心利益，即学业成就的信心。而他们的这种对"游戏的感觉"使他们能够去追求素质这种额外的利益。无论他们是否进行了何种形式的家庭教育投入，他们与前一类家长相比都形成了区分。他们的场域位置上的优势和对素质的追求一起推动了教育场域的重塑。

　　总而言之，本书以布迪厄的理论为方法框架，提供了一个解读家庭教育投入的社会学视域，而在此背景下，本土概念如"吃苦""不要输在起跑线上"，以及在教育场域内愈加重要的素质，都为布迪厄理论的解释力及在中国语境下的适切性提供了帮助。

参考文献

［1］蔡玲. 家庭教育投入问题研究述评［J］. 社会科学动态，2022（02）：68-78.

［2］陈陈. 家庭教养方式研究进程透视［J］. 南京师大学报（社会科学版），2002（06）：95-103+109.

［3］迟巍等. 我国城镇家庭教育支出研究［M］. 北京：清华大学出版社. 2013.

［4］楚红丽. 义务教育阶段家庭教育支出分布的不均等水平［J］. 华中师范大学学报（人文社会科学版），2008（02）：124-130.

［5］丁小浩，薛海平. 我国城镇居民家庭义务教育支出差异性研究［J］. 教育与经济，2005（04）：39-44.

［6］胡咏梅，范文凤，丁维莉. 影子教育是否扩大教育结果的不均等——基于PISA 2012上海数据的经验研究［J］. 北京大学教育评论，2015，13（03）：29-46+188.

［7］刘保中. 家庭教育投入：期望、投资与参与［M］. 北京：社会科学文献出版社，2021.

［8. 沈红，张青根. 劳动力市场分割与家庭资本交互作用中的文凭效应［J］. 教育研究，2015，36（08）：22-32.

［9］孙培青. 中国教育史［M］. 上海：华东师范大学出版社，2000.

［10］王远伟. 个人家庭教育投入及其社会影响的国际比较研究［J］. 比较教育研究，2010，32（06）：30-36.

［11］吴强. 家庭的收入和特征对家庭教育支出的影响研究［J］. 华中师范大学学报（人文社会科学版），2020，59（05）：175-186.

［12］薛海平. 课外补习、学习成绩与社会再生产［J］. 教育与经济，2016（02）：32-43.

［13］Bourdieu, P. , Passeron, J. C. Reproduction in education, society and culture［M］. London：Sage, 1990.

［14］Bourdieu, P. Distinction：A social critique of the judgement of taste［M］. Cambridge, Mass.：Harvard University Press, 1984.

［15］Bourdieu, P. Social space and symbolic power［J］. Sociological Theory, 1989, 7：14-25.

［16］Bourdieu, P. Sociology in question［M］. London：Sage, 1993.

［17］Bourdieu, P. The state nobility：Elite schools in the field of power［M］. Cambridge：Polity Press, 1996.

［18］Bourdieu, P, Wacquant, L. J. D. An invitation to reflexive sociology［M］. Chicago：University of Chicago Press, 1992.

［19］Bray, M. Private supplementary tutoring：Comparative perspectives on patterns and implications［J］. Compare, 2006, 36(4)：515-530.

［20］Grenfell, M., & James, D. Change in the field—changing the field：Bourdieu and the methodological practice of educational research［J］. British Journal of Sociology of Education, 2004, 25：507-523.

［21］Lareau, A. Unequal childhoods：Class, race, and family life［M］. Berkeley, CA：University of California Press, 2011.

［22］Swartz, D. Culture & power：The sociology of Pierre Bourdieu［M］. Chicago：University of Chicago Press, 1997.

［23］Wacquant, L. Towards a reflexive sociology：A workshop with Pierre Bourdieu［J］. Sociological Theory, 1989, 7(1)：26-63.